Ingo Schoenheit/Christian-Rainer Weisbach

Einwand–frei
beraten

Ein Übungsbuch zur
kundenorientierten Gesprächsführung

2., durchgesehene Auflage 1993

W0033637

Hauptberatungsstelle für
Elektrizitätsanwendung e.V.
Am Hauptbahnhof 12, 6000 Frankfurt am Main 1

vde-verlag   VWEW

CIP-Titelaufnahme der Deutschen Bibliothek

Schoenheit, Ingo:
Einwand-frei beraten : ein Übungsbuch zur kundenorientierten Gesprächsführung / Ingo Schoenheit ; Christian-Rainer Weisbach.
HEA, Hauptberatungsstelle für Elektrizitätsanwendung e.V. –
2., durchges. Aufl. – Berlin : vde-Verl. ; Frankfurt/Main : Verl.- und
Wirtschaftsges. der Elektrizitätswerke, VWEW, 1993
    ISBN 3–8007–1909–6 (vde-Verl.)
    ISBN 3–8022–0357–7 (VWEW)
NE: Weisbach, Christian-Rainer:

ISBN 3–8007–1909–6 (vde-verlag)

ISBN 3-8022-0357-7 (VWEW)

© 1993 VWEW-Verlag, Frankfurt/Main

Verlags- und Wirtschaftsgesellschaft
der Elektrizitätswerke m.b.H. – VWEW
Stresemannallee 30
D-6000 Frankfurt/Main 70

vde-verlag gmbh
Bismarckstr. 33
D-1000 Berlin 12

INHALT

VORWORT zur 1. Auflage

Der technische Fortschritt in den Kommunikationsmöglichkeiten unserer Gesellschaft hat gerade in den letzten Jahren eine explosionsartige Entwicklung erfahren. Dies führt möglicherweise zu der vorschnellen Schlußfolgerung, daß das Geben und Nehmen von Informationen nur noch eine Frage der allgemeinen Durchsetzung dieser neuen Techniken ist.

Nun zeigt sich jedoch, daß dieser Zuwachs an Informationen im wesentlichen auf der Seite des Informationsangebots zu finden ist, während bei der Informationsaufnahme gegenüber früheren Zeiten kaum neue Formen und Effizienzen feststellbar sind. Das neue Informationsangebot dringt vielfach nicht zum Adressaten durch. Der entscheidende Vermittler zwischen Informationsangebot und Informationsnachfrage ist das direkte zwischenmenschliche Gespräch und wird dies auch in Zukunft sein.

Energieversorgungsunternehmen, Geräteindustrie und Fachhandwerk sind sich darüber im klaren, daß allein die Darbietung einer perfekten Produktleistung nicht ausreicht, um von ihren Kunden verstanden zu werden. Zusätzlich zu dieser Produktleistung muß als Dienstleistung die Beratung erfolgen, um den Kunden den individuellen Nutzen einer Stromanwendung nahezubringen.

Und im Zentrum dieser Beratung steht das Gespräch; von diesem Gespräch, von dem persönlichen Auftreten des Beraters in diesem Gespräch hängt der Erfolg der Dienstleistung „Beratung" ab.

Die HEA hat in der Vergangenheit eine Vielzahl von Fachinformationen zu vielen Formen der Stromanwendung herausgegeben. Sie fühlt sich jedoch in gleicher Weise verpflichtet, nicht nur diese Fachinformationen zu vermitteln, sondern gleichzeitig auch Wege ihrer Vermittlung zum Kunden aufzuzeigen. Seit längerem werden daher neben Fachseminaren auch Seminare über die Arbeitstechniken in der Beratung angeboten.

Mit diesem Buch, das durch die Vermittlung der HEA entstand, wollen wir zusätzlich dazu beitragen, dem Gespräch zwischen Unternehmen und Kunden eine höhere Effizienz zu geben und damit zu dem Unternehmensziel beitragen, daß zwischen Unternehmen und Kunde ein von Mißverständnissen freies Gespräch geführt werden kann.

Frankfurt am Main, Dezember 1988

Dipl.-Ing. Jörg Zöllner

Geschäftsführer der
Hauptberatungsstelle für
Elektrizitätsanwendung e.V. – HEA

WENN SIE DIESES BUCH ZUR HAND NEHMEN

Ehe Sie in diesem Buch weiterblättern oder lesen, fühlen wir Autoren uns verpflichtet, Ihnen gleich am Beginn dieses Buches darzulegen, was wir denn unter „beraten" verstehen und was wir meinen, wenn wir Beratung als eine zeitgemäße Dienstleistung ansehen.

In der deutschen Sprache wird das Wort beraten sowohl transitiv verwendet und hat dann die Bedeutung von: „Jemandem mit Rat beistehen" als auch intransitiv benutzt, dann jedoch ändert sich die Bedeutung in: „Gemeinsam überlegen und besprechen". Auf Beraterseite wird vielfach nur die erste Bedeutung anerkannt, hier hören wir den Hinweis, daß im Wort „Beratung" das Wort „Rat" enthalten sei und es in der Beratung in erster Linie darum gehe, Ratschläge zu erteilen. Wenn wir das Wort Be-RAT-ung so zerlegen, dann ist diese Schlußfolgerung sicherlich richtig; ebenso richtig ist dann allerdings auch, daß Rat-SCHLÄGE für den Betroffenen Schläge sind.

Wenn wir Autoren uns bei der Verwendung des Wortes Beraten für die Bedeutung von: „Gemeinsam überlegen und besprechen" entscheiden, dann ist dies im veränderten Verbraucherbewußtsein begründet.

Lange Jahre hindurch war Beraten und Informieren austauschbar. An vielen Orten hießen die heutigen Beratungseinrichtungen Informationszentren. Mit der Darbietung von Sachinformationen war das Ziel verbunden, die Kenntnisse des Verbrauchers – sowohl über das Produkt selbst, als auch über dessen Anwendung – zu erweitern. Die Beziehung zwischen dem Informierenden und den Kunden war in erster Linie belehrend, entsprach also der aus der Schule bekannten Unterrichtssituation, in der einer spricht und alle anderen schweigend zuhören.

Der Wechsel von der Verbraucherinformation zur Verbraucherberatung ist neben dem üblichen Wechsel der Begrifflichkeiten nicht nur alter Wein in neuen Schläuchen, sondern auch die konsequente Berücksichtigung veränderter gesellschaftlicher Verhältnisse. Gewachsener Freiheits- und Entscheidungsspielraum bei zunehmendem Lebensstandard hat ein verändertes Menschenbild nach sich gezogen.

Neue Technologien in Haushalt und Verbrauch forderten ein verändertes Problembewußtsein und schließlich hat die langjährige Orientierung an Preis und Prestige einer Neuorientierung Platz gemacht, was sich in einem veränderten Konsumverhalten ausdrückt.

Auch wenn Beratung von allen Seiten favorisiert wird, zeigt sich vielerorts, daß immer noch nach dem Konzept des Informierens vorgegangen wird. Einigkeit herrscht allenthalben, was die fundierten Fachkenntnisse der Beratungskräfte betrifft, doch hinsichtlich des beratungsmethodischen Vorgehens besteht überhaupt noch keine anerkannte „Beratungsphilosophie". Es entsteht vielmehr der Eindruck, jeder berät nach Lust und Laune so gut er kann und wie es ihm gerade einfällt. Doch ohne überzeugende Beratungsmethode nützen auch die besten Fachkenntnisse nichts, da sie persönliche Bedürfnisse vernachlässigen und sich allenfalls den situativen Gegebenheiten des Ratsuchenden widmen.

Dieses Buch will Ihnen die Möglichkeit bieten, hinsichtlich des methodischen Vorgehens in der Beratung noch erfolgreicher zu werden. Wir setzen allerdings voraus, daß Ihre Fachkenntnisse so solide sind, daß es Ihnen nicht schwerfällt, diese auf eine andere Weise, als die typisch unterrichtsbezogene Informationsart, zu vermitteln.

Da Sie dieses Buch zur Hand genommen und bereits bis zu dieser Stelle gelesen haben, gehen wir davon aus, daß Sie nicht zur Gruppe derer gehören, die überzeugt sind, daß Beraten eine Frage des Talents sei, im Sinne des: „Das kann man, oder das kann man nicht. Lernen ist zwecklos." Für diese Gruppe von Beratungskräften – die gar nicht so klein zu sein scheint – haben wir dieses Buch nicht geschrieben. Nicht umsonst nennen wir ein Verhalten „oberlehrerhaft", wenn wir auf Mitmenschen treffen, die darauf erpicht sind, uns spüren zu lassen, daß sie alles besser wissen und auch können. Um dieser Gruppe ein Gegengewicht entgegenzusetzen, kam Ende der sechziger Jahre die Ansicht auf, daß Beraten lernbar ist und sich aus einer Summe von Einzelfertigkeiten zusammensetzt, diese also systematisch angeeignet werden können. Wir sind mit den Anhängern dieser Grundüberzeugung durchaus einer Meinung, was das Erlernen von Einzelfertigkeiten betrifft, doch bezweifeln wir, daß die Summe einzelner Fertigkeiten bereits gutes Beraten ausmacht. Beraten als ein gemeinsames Überlegen und Besprechen bedarf einer inneren Haltung, die sich am Ratsuchenden, am Kunden orientiert.

War die vom klassischen Informieren geprägte Beratung noch stark produktorientiert – im Mittelpunkt stand das Gerät –, so gewinnt die personzentrierte Beratung zunehmend an Gewicht – im Mittelpunkt steht der Kunde mit seinen individuellen Bedürfnissen, Wünschen, Hoffnungen und auch Zweifeln. Nicht die gelungene Argumentation im Sinne erfolgreicher Einwandbehandlung steht im Zentrum des beraterischen Interesses, sondern die einfühlsame Gestaltung eines Freiraums, die es dem Gesprächspartner/Kunden ermöglicht, seiner selbst sicher zu werden, so daß er Lösungsmöglichkeiten nutzen, Ideen verfolgen und Absichten in die Tat umsetzen kann.

Aufgrund Ihrer Erfahrungen haben Sie sicherlich den Wert einer gut gestalteten Kontaktphase zu schätzen gelernt. Diese ersten Minuten eines Gesprächs entscheiden mitunter über den weiteren Verlauf der Beratung. In dieser ersten Phase spürt der Kunde, ohne sich dessen unbedingt bewußt zu werden, ob er an einen „Oberlehrer" geraten ist, oder ob seine individuellen Bedürfnisse in all ihrer möglichen Verschwommenheit im Mittelpunkt der beraterischen Aufmerksamkeit liegen. Da wir in dieser ersten Beratungsphase den Kunden und dessen Wünsche kennenlernen wollen, werden wir bemüht sein, aufmerksam zuzuhören. Weil es nun verschiedene Arten des Zuhörens gibt, haben wir zu Anfang dieses Buches gleich ein ganzes Kapitel verfaßt, das Ihnen die Möglichkeit bietet, Ihre Zuhörleistung zu steigern.

Wenn wir davon sprechen, daß es beim Beraten darum geht, unsere ganze Aufmerksamkeit auf den Kunden zu richten, so erschöpft sich diese gezielte Wahrnehmung nicht allein in gutem Zuhören; neben unseren Ohren nutzen wir auch unsere Augen, um vom Gesprächspartner so viel wie möglich zu erfahren. Mit den Augen können wir wahrnehmen, wie das Gesagte gemeint ist. Mit anderen Worten: Die Körpersprache unseres Gegenübers gibt uns wichtige zusätzliche Informationen zu dem, was wir hören.

Dies gilt natürlich auch umgekehrt. Wir drücken durch unsere Körpersprache sehr viel von dem aus, wofür wir keine besonderen

Worte gebrauchen. Manche Erklärung wird durch eine demonstrierende Handbewegung so richtig anschaulich. Es kann jedoch auch vorkommen, daß wir durch unbeabsichtigte fahrige Handbewegungen eine präzise Äußerung verwirren.

Wollen wir den meist unbewußten Körperausdruck unserer Kunden nutzen, dann beachten wir nicht nur beim Zuhören unser Gegenüber, sondern schauen diesen wahrnehmend an, während wir selbst sprechen. Wir können nämlich sehen, ob der andere unseren Ausführungen folgt oder eher Verständnisschwierigkeiten hat oder gar mit seinen Gedanken ganz woanders ist.

Körpersprache bewußt zu handhaben ist vielleicht verlockend. Wir haben darum diesem wichtigen Aspekt ein ganzes Kapitel eingeräumt, das Ihnen helfen kann, sich der Wirkung verschiedener körpersprachlicher Ausdrucksformen bewußt zu werden.

Auf kaum etwas reagieren wir so empfindlich wie auf die Einschränkung von Möglichkeiten. Menschen wollen wählen können. So hat der Markt für die unterschiedlichen Bedürfnisse eine Vielzahl von Geräten hervorgebracht, die sich in vielen Punkten ähneln und nur in manchen Details voneinander unterscheiden. Für unterschiedliche Bedürfnisse auch verschiedene Lösungswege bereitzuhalten, entspricht dem menschlichen Grundbedürfnis nach Individualität. So attraktiv beispielsweise ein Rolls-Royce sein mag, es will keine rechte Freude aufkommen, wenn fortan alle Autofahrer Rolls-Royce fahren müssen, falls sie nicht zu Fuß gehen wollen. Genauso ergeht es uns im Umgang mit unseren Mitmenschen. Wir mögen nicht gern nach „Schema F" behandelt werden. Berücksichtigen wir dieses Bedürfnis nach Individualität auch bei unseren Kunden? Manch einer wird spontan zustimmen und sagen, daß sich eine gute Beratung schließlich in einer bedarfsgerechten, individuellen Lösung zeige. Wie sieht es aber mit dem beratungsmethodischen Vorgehen aus? Eine Lösung kann noch so bedarfsgerecht zugeschnitten sein, vermutet der Kunde, daß der Weg dorthin einem „Schema F" folgte, kann sich bei ihm nur zu leicht der Eindruck festsetzen, daß auch die Lösung selbst schablonenhaft ist. Darum gilt es, dem Kunden im Beratungsgespräch flexibel zu begegnen, um ihm das Gefühl zu geben, daß er individuell beraten wird. Den typischen Gesprächshaltungen in der Beratung haben wir deswegen ein ganzes Kapitel gewidmet.

Eine Redewendung sagt: „Jemand kam, um von der Quelle der Weisheit zu trinken, doch drehte jemand den Feuerwehrschlauch auf." So wenig, wie wir aus einem Feuerwehrschlauch trinken können, so wenig profitieren wir manchmal von Fachleuten, die auf ihrem Spezialgebiet jedes Detail kennen und für jede noch so knifflige Frage eine perfekte Antwort bereithalten. Kennen Sie in Ihrem Umkreis auch Menschen, die dazu neigen, wie ein Feuerwehrschlauch zu informieren, etwa nach dem Motto „Immer volles Rohr!"? In der Fachberatung reicht es bei weitem nicht aus, nur richtig zu informieren, sondern dort sind wir gefordert, in der richtigen Art und Weise = auf den Kunden ge-richtet zu informieren. Mit anderen Worten: Nicht nur die Information selbst soll richtig sein, sondern der Umfang und der Zeitpunkt im Gespräch müssen ebenfalls stimmen. Wer viel weiß, unterliegt leicht der Gefahr, seine ganzen Fachkenntnisse dem anderen darzulegen, ohne das begrenzte Aufnahmevermögen des Gesprächspartners zu berücksichtigen. Dieser denkt dann leicht: Weniger wäre mehr gewesen.

In einem eigenen Kapitel befassen wir uns mit den Möglichkeiten, die sich Ihnen bieten, Ihre Informationen dosiert auf Ihre jeweiligen Kunden abzustimmen.

Ein oft zu beobachtendes Phänomen in der Beratung sind Einwände seitens der Kunden, sobald sich das Gespräch einer Problemlösung nähert. Im Umgang mit Einwänden unterscheidet sich der Meister vom Anfänger: Hier zeigt sich die Hohe Schule des Beratens. Einwände stellen in der Regel das bislang Gesagte in Frage, erscheinen somit als Zweifel. Zu leicht verwechseln manche Berater Person und Sache, fühlen sich selbst in Frage gestellt und meinen, daß an ihnen gezweifelt wird. Bei einer derartigen Ausgangsposition entsteht schnell ein Streitgespräch, bei dem der Berater auf seinem Standpunkt beharrt. Derartige „Einwand-Spezialisten" können Sie an heftigem Kopfschütteln, erhobenem Zeigefinger, ins Wort fallen und „Ja, aber"-Formulierungen erkennen.

Sie können aber auch Einwände als Frage auffassen oder als Ausdruck von Unsicherheit oder als Sorge des Ratsuchenden verstehen und diesen entsprechend offen begegnen. So souverän mit Einwänden umzugehen, läßt sich lernen. Welche Möglichkeiten wir für sinnvoll halten, stellen wir in einem gesonderten Kapitel dar.

Nach fünf ausführlichen Kapiteln über die wichtigen Elemente beratender Gesprächsführung schließen wir dieses Buch mit einem kleinen Ausblick ab und gehen noch einmal auf den Stellenwert von Beratung als einer zeitgemäßen Dienstleistung ein.

Wenn Ihr Interesse an diesem Thema noch nicht erschöpft ist, dann werden Sie sich vielleicht freuen, am Ende des Buches noch weiterführende Literaturhinweise zu finden.

WENN SIE IHRE ZUHÖRLEISTUNG STEIGERN

Es gibt nicht wenige Men-
schen, die glauben, daß Zuhören
und Schweigen dasselbe bedeu-
ten. Den Mund zu halten, gehört
in der Tat zum Zuhören; doch
wenn wir Ihnen in diesem Kapitel
anbieten, Ihre Zuhörleistung zu
steigern, dann beabsichtigen wir
bestimmt nicht, Sie zum Schweigen zu verdonnern.

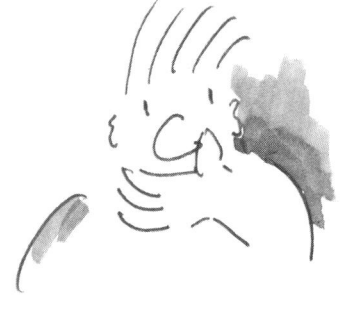

Fragen wir uns für einen Moment, wie unsere Gesprächspartner sich verhalten sollen, damit
wir uns verstanden fühlen. In Situationen, in denen wir gern verstanden werden möchten, erwarten wir, daß uns zugehört wird. Dies
drückt sich zuallererst einmal darin aus, daß wir sprechen dürfen,
und zwar meinen wir: aus-sprechen, also unsere Sätze zu Ende formulieren können. Wir möchten gern frei sein von dem Druck, gleich
unterbrochen zu werden, möchten gern auch einmal zögern oder
nachdenken, ohne daß uns deswegen gleich das Wort genommen
wird. All dies hat mit Schweigen, mit Nicht-Reden zu tun. Und doch
erwarten wir vom anderen eine Reaktion, erwarten ein Zeichen, daß
wir ge-hört werden. Diese erwartete Zuhörerreaktion nennen wir
Anteilnahme. Anteilnahme können wir sprachlich, aber auch nicht-
sprachlich zum Ausdruck bringen. Das Kopfnicken, der Blickkontakt, die Gesichtszüge wie überhaupt die gesamte Körperhaltung
zeigen deutlich, wie sehr der Zuhörer beteiligt ist, wie rege er zuhö-
rend das Gesagte verfolgt.

Es gibt kaum etwas anderes, was so schnell Vertrauen und Sympathie schafft, wie verständnisvolles Zuhören. Derartiges Zu-hören
ist natürlich mehr als einfaches Hin-hören. Darin kommt zum Ausdruck, daß man die Äußerungen des Gesprächspartners auf sich wirken läßt und ihre jeweilige Bedeutung nachzuvollziehen bemüht ist.
Wer so zuhören kann, gewinnt nicht nur wichtige Informationen,
sondern vermittelt gleichzeitig auch Sympathie und baut Vertrauen
auf.

Wie jedoch läßt sich gutes Zuhören zum Ausdruck bringen, ohne daß dies zu Reglosigkeit oder gar Teilnahmslosigkeit führt? Wenn wir einmal andere Menschen beobachten, können wir leicht den Eindruck gewinnen, diese stehen nach einer Phase des Zuhörens unter dem Druck, ihrem Gesprächspartner auf irgendeine Weise zu vermitteln, wie anteilnehmend sie aufmerken. Das äußert sich in den allermeisten Fällen in vielen, vielen Fragen. Manchmal können wir auch beobachten, daß die sogenannten Zuhörer ohne längeres Nachdenken ihre Meinung zum Gehörten äußern oder gleich anfangen, von sich zu erzählen.

Vielleicht geht es Ihnen ja auch manchmal so, daß Sie nach ein paar Minuten des Zuhörens einen Druck fühlen, wie: „Jetzt mußt du endlich mal wieder etwas sagen, sonst denkt der Kunde, daß du gar nicht richtig zugehört hast." Was dabei herauskommt, kennen Sie.

Manchmal steckt hinter diesem schnellen wieder zu Wort kommen wollen auch die Absicht, dem anderen zu zeigen, wie kompetent man ist. Manch einer verzichtet aufs Zuhören, weil er Sorge hat, seine Schlagfertigkeit, Geistesgegenwart oder Lebenserfahrung käme nicht gebührend zur Geltung. In übertriebener Form kann das darauf hinauslaufen: „Seht doch mal, wie kompetent ich bin, daß ich schon nach zwei, drei Sätzen weiß, wo der Schuh drückt und welche Lösung dafür angemessen ist." Das kann allerdings leicht dazu führen, daß dem Kunden eine Lösung für ein Problem verpaßt wird, ohne dessen Problem überhaupt zu kennen.

Im Laufe dieses Kapitels beschäftigen wir uns mit verschiedenen Formen des Zuhörens und den Mitteln, die Zuhörleistung zu steigern.

Um Ihre Aufmerksamkeit nicht bereits im ersten Kapitel zu strapazieren, halten wir es mit Goethe: „Grau, mein Freund, ist alle Theorie, doch grün des Lebens goldner Baum" und steigen konkret in die Praxis ein. Hören, bzw. besser gesagt lesen wir einmal ein Gespräch, wie es in einem Beratungszentrum stattfinden könnte:

Ein etwa 50jähriger Mann betritt zögernd die Beratungsstelle, schaut sich interessiert, ja neugierig um, sieht den jungen Berater und fragt:

Kunde: Kann ich bei Ihnen Informationen kriegen über Heißwassergeräte und so?

Berater: Ja selbstverständlich, wenn Sie gerade einmal mitkommen wollen, wir haben hier eine kleine Musterschau zur Elektro-Warmwasserversorgung zusammengestellt.

Kunde: Aja, sehr schön. Kunde schaut sich um. *Wissen Sie, ich habe nämlich im Dach ein kleines Mansardenzimmer ausgebaut, das wollte ich jetzt vermieten, an einen Studenten oder so. Ein Waschbecken mit fließend Kaltwasser ist schon da, – von früher noch, … aber ich denke, mit fließend Warm- und Kaltwasser ist das besser zu vermieten, nicht wahr?!*

Berater: Ja natürlich. Sie suchen also ein Gerät, damit dort am Waschbecken warmes Wasser läuft. Nun, da käme eigentlich ein Elektro-Warmwasserspeicher in Frage, der sich als Unter-Tisch-Modell unter dem Waschbecken montieren ließe. Bei normalem Bedarf müßte für ein kleines Waschbecken ein 5-l Speichergerät reichen, aber das gibt es auch für 10 und 12 l Fassungsvermögen.

Kunde: Jaja, das Waschbecken ist eh klein, ist ja noch von früher, nicht wahr. Kunde schaut sich um. *Doch, doch – eigentlich müßte das fürs erste mal reichen.*

Berater: Und mit dem elektrischen Anschluß gibt es keine Probleme? Sie benötigen eine Schutzkontakt-Steckdose, die mindestens mit 10 Ampere abgesichert ist.

Kunde: Ne ne, mein Schwager ist Elektriker, der hilft immer mal wieder beim Umbau. Aber ich dachte, eh ich den frage, informiere ich mich mal selbst, was es so alles gibt. Man will ja nicht ganz so dumm dastehen. Kunde schaut sich um.

Berater: Bei der Einzelversorgung eines Waschtisches empfiehlt sich ein offener Warmwasserspeicher, der stets warmes Wasser bei gleich-

bleibender Temperatur bietet. Neben den niedrigen Anschaffungskosten ist die einfache Installation von Vorteil, denn offene Geräte können an jeder Kaltwasserentnahmestelle eingebaut werden. Der Wasseranschluß erfordert lediglich eine Spezial-Armatur, die mit der Ventilstellung „warm" den Geräteeinlauf freigibt und mit dem einlaufenden Kaltwasser das Warmwasser verdrängt. Nicht zu vergessen der geringe Wartungsaufwand bei diesen Speichergeräten.

Kunde: *Ach so, ja …* Kunde schaut sich um.

Berater: *Gibt es denn noch irgend etwas, was Sie wissen möchten?*

Kunde: *Nein danke, ich glaube jetzt komm' ich allein klar. Ich will das mal mit meiner Frau besprechen. Vielleicht komme ich dann noch mal wieder. Schönen Dank auch für die Beratung. Ich finde das gut, daß es so etwas Unabhängiges gibt. Auf Wiedersehen.*

Berater: *Auf Wiedersehen.*

Haben Sie auch während des Lesens den Kopf geschüttelt und bei sich gedacht: „So berate ich ja nun nicht. Wo kommt denn der Berater her?" Wir sind auch der Meinung, daß dieses Gespräch mit Beratung wenig gemein hat. Stellen wir uns einfach vor, dieser junge Berater wäre hier und jetzt zugegen, würde uns direkt in ein Gespräch ziehen über das, was sich in seinem Beratungsraum gerade zugetragen hat. Das könnte sich dann etwa so anhören:

Berater: *Also das müssen Sie mir mal erklären! Was soll denn da nun nicht in Ordnung gewesen sein? Der Kunde sucht ein Warmwassergerät, bekommt von mir die gewünschten Informationen, mehr wollte er ja nicht, der Kunde bedankt sich ausdrücklich und jetzt soll das eine schlechte Beratung gewesen sein.*

Weisbach: *Gehen wir zusammen das Gespräch einmal durch. Sie sagen, der Kunde suchte ein Warmwassergerät. Unter diesem Produktaspekt habe ich den Kunden gar nicht betrachtet. Mir war wichtig herauszuhören, welche Informationen er über sich selbst preisgibt.*

Berater: *Wozu denn das?*

16

Weisbach: Nun, ich denke eine Beratungsstrategie sollte sich immer an der Eigenart des Kunden orientieren.

Zunächst haben wir einmal erfahren, daß es sich hier um einen Heimwerker handelt, der besagtes Mansardenzimmer selbst ausgebaut hat. Dann kommt eine ganz wichtige Information: Er sucht etwas, um sein Mansardenzimmer besser vermieten zu können. Mir kommt gleich der Gedanke, um mehr Miete verlangen zu können, bzw. um eine höhere Miete zu rechtfertigen. Da fällt mir sein Eröffnungssatz ein. Er sucht Informationen über Heißwassergeräte und so…

Berater: … also ich weiß nicht, sagen das die Kunden nicht nur aus einer gewissen Unsicherheit heraus, bzw. ist das nicht in den meisten Fällen nur eine Redewendung?

Weisbach: Nun gut, kommen wir darauf in einem anderen Zusammenhang zurück. Wir haben über die räumlichen und baulichen Verhältnisse nichts erfahren, aber wenn ein Heimwerker vermieten will, frage ich mich, was gegen den weiteren Ausbau – ein Bad, zumindest eine Duschkabine – spricht. Diesen Gedanken stütze ich mit einer Formulierung des Kunden: „Eigentlich müßte das fürs erste mal reichen." Das hört sich doch so an, als ob ein weiterer Ausbau nicht ausgeschlossen ist, ja vielleicht sogar schon erwogen wird.

Schoenheit: Außerdem erfahren wir, daß er verheiratet ist, einen Schwager hat, der als Elektriker immer mal wieder beim Umbau hilft. Doch diesen Fachmann fragt er nicht; er kommt lieber in die Beratung, denn hier kann er sich gewissermaßen anonym informieren. Für die Beratung ist diese Information besonders wichtig, denn der Kunde räumt ein, daß es ihm schwerfällt, dumm dazustehen. Darum will der Kunde wissen, was es so alles gibt. Sie erinnern sich an den erwähnten Eingangssatz: „Heißwassergeräte und so". Vielleicht erscheint Ihnen das jetzt zu weit gegangen, aber ich frage mich, wie das Mansardenzimmer denn geheizt werden soll. Der Gedanke einer Einzelspeicherheizung ist ja nicht ganz aus der Welt. Ich weiß nicht, ob es Ihnen aufgefallen ist, daß der Kunde, während Sie mit ihm sprachen, immer wieder seinen Blick über die hier aufgestellten Geräte schweifen ließ.

Berater: Ja schon, aber er hat ja nichts gesagt, und gefragt habe ich ihn, ob er noch irgendetwas wissen möchte.

Schoenheit: *Da es ihm ja – wie wir gerade erfahren haben – schwer-fällt, zu seiner mangelnden Informiertheit zu stehen, kann er dieses Angebot nur dankend ablehnen. Ja, im Gegenteil, um eine gute Figur zu machen, tut er etwas ganz Typisches; er lobt und bedankt sich aus-drücklich, was Sie ja auch prompt davon abhält, noch irgendwelche weitere Hilfsangebote zu unterbreiten.*

Berater: *Naja, aber er hat gesagt, daß er vielleicht wiederkommen will.*

Schoenheit: *Gut, Sie können sich ja überlegen, ob Sie beim nächsten-mal auf die Aspekte eingehen wollen, die ich gerade aufgeführt habe.*

Stellen wir uns vor, diesem Berater wird noch einmal die Chance gegeben, denselben Kunden zu beraten. Vielleicht hört sich das Ge-spräch dann so an:

Kunde: *Guten Tag, ich war ja neulich schon mal bei Ihnen wegen so eines Speichers für unser Mansardenzimmer.*
Nun habe ich mit meiner Frau gesprochen und die hat gesagt, ich soll nicht so sparsam sein und nur so ein kleines 5-l-Gerät nehmen. Wenn so eine Studentin sich mal die Haare waschen will, soll sie sich schließ-lich mit Warmwasser die Haare auch ausspülen können. Sie meint nun, ich soll mich mal erkundigen, ob ein größeres Gerät denn unters Waschbecken paßt oder wo man das dann montiert und so.

Berater: *Wenn ich mich richtig erinnere, sagten Sie letztes Mal, das sei ein kleines Becken…*

Kunde: *Ja, etwa so groß.* Kunde zeigt mit den Händen etwa 40 cm.

Berater: *Also da reicht ein 5-l-Gerät in der Tat, denn die Temperatur ist durch einen Wählregler einstellbar von 35 ° bis 85 °C, das heiße Wasser wird also mit kaltem Wasser auf 37 °C gemischt. Aber auch das 10-l-Gerät läßt sich in der Regel problemlos unter dem Waschbecken montieren. Statt 40 cm benötigen Sie Platz für 50 cm Gerätehöhe unter dem Becken. Ich glaub', ich habe das doch richtig in Erinnerung, daß Sie viel selbst ausbauen?*

Kunde: *Jaja, so ist das. Unser ganzes Häuschen, also das ist ein Altbau kurz nach dem Krieg, habe ich nach und nach umgebaut. Jetzt habe ich mal mit der Mansarde zum Garten raus angefangen. Und wenn wir die gut vermieten, dann kommt wieder Geld rein für weitere Umbauten. Ich bin so ein richtiger Bastler.*

Berater: *Zunächst wollen Sie mal das Zimmer mit einem kleinen Waschbecken vermieten und es soll erst einmal Warm- und Kaltwasser laufen. Später wollen Sie dann weiter ausbauen. Vielleicht haben Sie an den Ausbau eines Bades oder an eine Duschkabine gedacht, für die dann andere Möglichkeiten der Warmwasserversorgung in Frage kämen.*

Kunde: *Meine Frau meint ja, ich sollte wenigstens ein größeres Waschbecken einbauen; aber meine Idee war – wie Sie sagen – was Richtiges zum Duschen oder Baden einzubauen. Da gibt es doch ganze Bausätze. Ich dachte halt, so etwas nach einem Jahr zu installieren. Pause. Aber wenn ich darüber nachdenke, dann haben Sie recht, besser wäre es, gleich so was einzubauen, und von vornherein die richtigen Geräte zu montieren, so daß das Waschbecken gleich mitversorgt wird – mhm. Außerdem läßt sich bei separatem Bad oder Dusche das Ganze gleich viel besser vermieten, ist doch so, oder?!*

Berater: *Für die Warmwasserversorgung gibt es eine Reihe von Möglichkeiten, die sich optimal auf die baulichen Gegebenheiten abstimmen lassen. Liegt beispielsweise die Dusche vom Waschbecken weit entfernt, wäre an einen Durchlauferhitzer für die Dusche und das besprochene Speichergerät für das Waschbecken zu denken. Eine andere Möglichkeit ist der Elektro-Durchlaufspeicher, der bei kurzer Aufheizzeit eine hohe Warmwasserentnahmeleistung ermöglicht.*

Kunde: *Aja. – Und ich müßte jetzt herausfinden, was für uns am günstigsten wäre, auch so von den Anschaffungskosten und so.*

Berater: *Ich kann Ihnen anbieten, jetzt gleich einmal die verschiedenen Möglichkeiten durchzurechnen, damit Sie sich eine konkrete Vorstellung machen können. Damit Sie jedoch bei Ihren individuellen Gegebenheiten nicht allein gelassen werden, gehören Hausbesuche mit zu unserem Angebot. Vor Ort läßt sich eine Kosten-Nutzen-Rechnung am besten und gründlichsten durchführen. So könnten wir für*

den hydraulisch gesteuerten Durchlauferhitzer prüfen, ob der Wasseranschluß bezüglich des Mindestfließdrucks reicht, ob die Elektro-In-
stallation geeignet ist usw.

Kunde: *Das hört sich gut an. Zu Hause könnte ich Ihnen auch am besten zeigen, was ich baulich noch so vor habe.*

Berater: *Ich weiß noch nicht, wie Sie Ihr Mansardenzimmer heizen
wollen, aber wenn Sie wünschen, können wir Sie dazu auch beraten.*

Wir können uns bei diesem Gespräch gut vorstellen, daß nach der
Erweiterung des Themas Richtung Heizungsmöglichkeiten Kunde
und Berater zu einer Terminabsprache bezüglich eines Hausbesuchs
kommen.

Dieses zweite Gespräch erleben wir deswegen befriedigender als
das erste, weil hier der Berater erkennbar zugehört hat, weil er zum
Ausdruck bringt, daß das, was der Kunde jeweils sagt, von ihm auf-
gegriffen und weitergeführt wird.

In diesem Zusammenhang halten wir es für eine ziemliche Über-
heblichkeit, wenn Berater in Gesprächen Lösungen für Probleme
anbieten, obgleich sie noch gar nicht zu Ende zugehört haben. Natürlich machen wir uns während des Zuhörens fortlaufend Gedanken; wir deuten, interpretieren das, was wir hören, ziehen daraus jeweils Schlußfolgerungen oder verallgemeinern das Gehörte. Zu den
meisten Anliegen von Kunden haben wir in der Regel bestimmte
Ansichten und Vorstellungen und prüfen während des Hörens in
Gedanken, wieweit sich das, was der Kunde sagt, damit deckt. Nur
zu leicht führt ein derartiges Zuhörverhalten in eine Sackgasse, verbunden mit den entsprechenden Mißverständnissen.

Die größte Schwierigkeit, die wir beim Zuhören haben, besteht
darin, den Inhalt des Gesagten vollständig und im Sinne des Gesprächspartners zu erfassen. Die elterliche Ermahnung: „Hör gut
zu!" bringt zum Ausdruck, daß wir in der Regel entweder unvoll-
ständig zuhören oder aber vollständig, aber dann in unserem Sinne
und nicht im Sinne des Gesprächspartners.

Vielleicht sind Sie so perfekt, daß Ihnen die Anforderungen des Zuhörens nicht schwerfallen. Im folgenden bieten wir Ihnen die Möglichkeit, einmal zu prüfen, wie gut Sie den sachlichen Gehalt einer Aussage aufnehmen.

Lesen Sie dazu den folgenden Text einmal aufmerksam durch! Sie können sich diesen Text auch vorlesen lassen, um zu testen, wie gut Sie ausschließlich über die Ohren aufnehmen.

Frau Mehlke arbeitet seit fünf Jahren halbtags, genau seit ihre zwei Kinder zur Schule gehen. Bislang konnte sie Arbeit und Haushalt gut miteinander verbinden, doch heute geht alles schief. Jochen, ihr ältester Sohn, hatte sich den Magen verdorben und nachts mehrfach erbrochen. Zum Glück reichte Frau Mehlke die Zeit, morgens noch die verschmutzte Wäsche in die Waschmaschine zu geben. Mittags mußte sie im Supermarkt sehr lange an der Kasse warten und stellte erst zu Hause fest, daß sie das wichtigste, nämlich Salz, vergessen hatte. Daheim angekommen, entdeckte sie voller Schreck, daß ihre Küche unter Wasser stand, die Waschmaschine war ausgelaufen. Es dauerte einige Zeit, bis Frau Mehlke die Küche trockengelegt hatte; schon kam ihr jüngstes Kind aus der Schule. Vom Mittagessen war jedoch keine Spur zu sehen. Frau Mehlke, die sich kurzentschlossen für Spiegeleier entschied, versuchte zwischendrein einen Monteur für ihre Waschmaschine anzurufen, damit der Schaden rasch behoben würde. Zu ihrer Erleichterung ging Meister Krüger während der Mittagspause ans Telefon und vereinbarte mit ihr, am Nachmittag sich den Schaden anzusehen. Frau Mehlke mußte dieses Gespräch unvermittelt beenden, denn aus der Küche roch es bereits unangenehm nach verbranntem Fett. In der Tat, sie hatte vergessen, die Pfanne vom Herd zu nehmen, ehe sie zum Telefonieren ging. „Heute geht aber auch alles schief!" waren die Begrüßungsworte von Jochen, als dieser zur Küchentür hereinkam. „Weil ich mein Lesebuch vergessen hab', muß ich 'ne Strafarbeit schreiben." Frau Mehlke hörte gar nicht recht hin, denn in

Gedanken ordnete sie ihren Nachmittag neu. Sie mußte ja daheim bleiben, um den Monteur zu empfangen,
konnte also weder zum Friseur gehen, noch sich einen
kurzen Stadtbummel genehmigen. „Hoffentlich wird
diese Reparatur nicht so teuer", dachte sie bei sich, und
machte sich innerlich schon darauf gefaßt, mit dem
Geld in diesem Monat wieder nicht auszukommen.

Zu diesen kurzen Text haben wir Ihnen 14 Fragen zusammengestellt. Wieviele Fragen werden Sie wohl richtig beantworten? Was
vermuten Sie vorab?

Wenn Sie sich jetzt an die Beantwortung der Fragen machen,
schauen Sie nicht mehr in den Text zurück. Beim Zuhören können
wir ja auch kein Tonband mitlaufen lassen und jeweils zurückspulen,
wenn wir uns nicht ganz sicher sind.

		Ja	Nein
1.	Frau Mehlke arbeitet in einem Supermarkt		
2.	Jochen hat sich im Bett erbrochen		
3.	Frau Mehlke ist seit 5 Jahren berufstätig		
4.	Sie hat zwei schulpflichtige Söhne		
5.	Die Laugenpumpe der Waschmaschine ist defekt		
6.	Die Spiegeleier werden auf einem E-Herd bereitet		
7.	Das Mittagessen ist salzlos		
8.	Sie telefoniert mit einem Monteur der Waschmaschinenniederlassung		
9.	Die Spiegeleier sind angebrannt		
10.	Der Monteur verspricht, nach der Mittagspause zu kommen		

11. Jochen ärgert sich wegen der Strafarbeit über
    seine Lehrerin

12. Frau Mehlke will in der Stadt etwas besorgen

13. Die Waschmaschine ist reparaturanfällig

14. Frau Mehlke kann mit Geld nicht umgehen

Lösungen

1. Ob sie dort arbeitet, wissen wir nicht, die Geschichte sagt darüber nichts aus.

2. Das stimmt nicht. Er kann sich auch außerhalb des Bettes erbrochen haben.

3. Nein, das stimmt nicht. Wir erfahren nur, daß sie seit fünf Jahren halbtags arbeitet; wie lange sie in ihrem Leben schon berufstätig war, das bleibt offen.

4. Sie hat zwar zwei Kinder, wir kennen jedoch nur den Namen des ältesten Kindes, das zweite Kind kann auch eine Tochter sein.

5. Über die Laugenpumpe wird nichts ausgesagt. Zugegeben, das könnte ein Grund sein für die nasse Küche, aber es gibt auch andere Möglichkeiten.

6. Ein Herd steht in der Küche, ob E oder G wissen wir nicht.

7. Wir wissen zwar, daß Frau Mehlke unbedingt Salz kaufen wollte, aber daß in der Küche nicht mehr genügend Salz vorrätig ist, um Eier zu salzen, das bleibt ungeklärt.

8. Sie telefoniert mit einem Monteur. Ob dieser aber in einer Waschmaschinenniederlassung angestellt ist, erfahren wir nicht.

9. Nein, das Fett in der Pfanne ist verbrannt, nicht die Eier.

10. Der Monteur vereinbart, sich den Schaden am Nachmittag anzusehen.

11. Ob Jochen sich ärgert, erfahren wir nicht, wenngleich es wahrscheinlich ist, so wie er nach Hause kommt. In gar keinem Fall wird etwas von einer Lehrerin berichtet.

12. Nein, Frau Mehlke möchte sich einen Stadtbummel genehmigen.

13. Ob die Maschine anfällig ist für Reparaturen, erfahren wir nicht. Vielleicht war die letzte teure Reparatur an der Spülmaschine oder am Trockner oder sonstwo ausgeführt worden.

14. Bei dieser Frage scheiden sich die Geister. Manch einer meint, wer zweimal hintereinander mit seinem Haushaltsgeld nicht auskommt, der zeigt, daß er nicht mit Geld umgehen kann. Schließlich fehlen entsprechende Rücklagen für Sonderausgaben. Nun, hier hängt Ihr „Ja" oder „Nein" vom strengen Beurteilungsmaßstab ab und davon, was Sie unter „mit Geld umgehen" verstehen.

Eine verflixte Geschichte! Auf den ersten Blick scheint alles ganz einfach, aber schon bald zeigt sich, wie wir dazu neigen, den Aussagen einen weiteren Sinn, meistens doch unseren Sinn, hinzuzufügen.

Vielleicht haben Sie Spaß, diese Geschichte Freunden oder Kollegen vorzulesen, um sie anschließend zu bitten, diese 14 Fragen ebenfalls zu beantworten.

Diese kurze Geschichte konnte deutlich machen, wie sehr wir beim Zuhören bzw. Lesen durch unsere eigenen Vorstellungen und Schlußfolgerungen bestimmt werden.

Erfolgreiche Berater lassen sich an ihrer Zuhörfähigkeit erkennen. Sie beziehen von der Gesprächseröffnung an den Kunden in die Beratung mit ein. Sie sind am Kunden interessiert und wollen dessen Anliegen/Probleme genau kennenlernen und sie zeigen durchgängig, daß sie den Kunden ernst nehmen.

Gutes Zuhören schafft eine Gesprächsatmosphäre, die dem Ratsuchenden erlaubt, frei und offen zu sprechen. Wir unterscheiden dabei drei Formen des Zuhörens:

1. Aufnehmendes Zuhören

2. Umschreibendes Zuhören

3. Aktives Zuhören

Aufnehmendes Zuhören

Diese Form des Zuhörens wird zumeist gemeint, wenn von „zuhören" die Rede ist; so beispielsweise der Duden, wo es heißt: „Seine Aufmerksamkeit auf Worte oder Töne richten". Diese Aufmerksamkeit gilt es, hör- und sichtbar zu zeigen, damit der Gesprächspartner wahrnimmt, daß ihm aufnehmend zugehört wird. Dazu gehört das echte Schweigen. Wir unterscheiden deswegen zwischen „Schweigen" und „echtem Schweigen", weil wir auch schweigend in der Lage sind, Ungeduld auszudrücken, beispielsweise durch rasches Luftholen, durch Ansetzen zum Sprechen, durch Ausstoßen des Atems „ts, ts, ts" und andere schweigende Formen des einschränkenden Zuhörens. Aber das „echte Schweigen" reicht bei weitem nicht aus, dem Gesprächspartner zu zeigen, daß wir aufmerksam sind. Wichtig ist der Blickkontakt, bei dem wir dem anderen in die Augen schauen, ohne ihn jedoch anzustarren. Fehlt dieser Blickkontakt, wie dies beispielsweise am Telefon der Fall ist, bedarf es eines hörbaren Ausgleichs durch kleine Äußerungen wie „Mhm", „Aja", „So", „Ach", „Ja" bzw. „Nein".

Zum aufnehmenden Zuhören gehört auch der Ausdruck unseres Körpers, mit dem wir sichtbar machen, ob wir ruhig und zugewandt aufpassen oder innerlich schon auf Kontra gehen, an einer Erwiderung basteln oder uns langweilen. Nicht nur unsere Gestik, auch unsere Mimik verrät, wie aufmerksam wir bei der Sache sind. Sei es die Stirn, die wir runzeln, weil uns eine Äußerung gegen den Strich geht, seien es unsere Lippen, auf die wir beißen, die hochgezogenen Augenbrauen, wenn wir erstaunt sind oder die gerümpfte Nase, wenn uns etwas mißfällt, immer drücken wir unserem Gesprächspartner – meist unbewußt – aus, wie aufnehmend wir zuhören.

Um sich der Wirkung der einzelnen Teile aufnehmenden Zuhörens bewußt zu werden, möchten wir Sie anregen, einmal absichtlich in einem Gespräch für kurze Zeit auf e i n Ausdrucksverhalten zu verzichten. Sie können zum Beispiel angeregt zuhören, dies durch kleine Äußerungen hörbar kundtun, ruhig und zugewandt stehen (oder sitzen), jedoch den Blickkontakt auf ein Minimum beschränken. Oder in einem anderen Gespräch einmal auf diese kleinen Äußerungen verzichten, die auch „Türöffner" genannt werden, wie „Mhm", „Ja", „Interessant" usw. Diese Anregung soll als kurzes Ausprobieren verstanden werden, denn Ihr jeweiliger Gesprächspartner hat es dadurch nicht gerade leichter.

Wenn Sie derartig gesteuertes Zuhören nicht ausprobieren möchten – was wir gut verstehen –, dann regen wir an, bei Gesprächen, die Sie beobachten können (Kollegen oder Bekanntenkreis), darauf zu achten, wie die Gesprächspartner einander zum Ausdruck bringen, daß sie aufmerksam zuhören. Wir wünschen Ihnen, daß Sie nicht allzu lange suchen müssen, bis Sie jemanden gefunden haben, der tatsächlich aufnehmend zuhören kann. Vielleicht klingt dieser Wunsch wie blanke Ironie, doch machen wir Tag für Tag die Beobachtung, daß viele unserer Gesprächspartner brennende Ungeduld zum Wort drängt und manchmal wirkt das so, als ob sie Jahre der Einsamkeit, fern von Menschen, zugebracht hätten.

Umschreibendes Zuhören

Diese Form des Zuhörens wird manchmal auch mit dem griechischen Wort „Paraphrasieren" bezeichnet. Mit dem umschreibenden

Zuhören zeigen wir unserem Gesprächspartner, w i e wir seine Mitteilung verstanden haben. Vom wörtlichen Wiederholen unterscheidet sich das Umschreiben dadurch, daß wir mit unseren eigenen Worten beschreiben, was wir verstanden haben, was bei uns angekommen ist. Dies ist die einfachste Möglichkeit, um Mißverständnisse bereits von Anfang an zu vermeiden. Sie mögen unter Umständen einwenden, daß eine derartige Erwiderung ja nichts Neues ins Gespräch bringt und darum weitgehend überflüssig sei. Wir haben da ganz andere Erfahrungen gemacht. Den Gesprächsinhalt mit eigenen Worten zu wiederholen, ist für die Beratung ausgesprochen förderlich. Durch das Umschreiben geben wir dem Kunden zu verstehen, daß wir ihm zugehört haben, daß wir das Wesentliche seiner Aussage mitbekommen haben und bereit sind, weiterhin über das vom Kunden angeschnittene Thema zu sprechen.

Sie selbst können am besten beurteilen, wieviele Mißverständnisse zwischen Ihnen und anderen Menschen auf Grund von Zuhörfehlern entstanden sind. Nicht umsonst läßt man sich bei wichtigen Informationen die Aussage wörtlich wiederholen. Wir denken in diesem Zusammenhang beispielsweise an militärische Befehle, Anweisungen im Luftverkehr, in der Seefahrt und ähnliches. Beim umschreibenden Zuhören leitet uns die Frage: „Was will uns der andere sagen, was meint er mit seiner Äußerung?"

Um die Möglichkeit von Mißverständnissen zu verringern, eignen sich folgende Einstiegsformulierungen für das umschreibende Zuhören:

„Sie meinen also, daß ..."

„Verstehe ich Sie richtig, daß ..."

„Wenn ich das richtig erfaßt habe, dann geht es Ihnen um ...“

„Ich habe jetzt verstanden, daß Sie ...“

„Was Sie sagen, fasse ich so auf, daß ...“

Diese umschreibenden Formulierungen sind Äußerungen, die sich ganz und gar auf den Kunden und das beziehen, was er bislang in das Beratungsgespräch eingebracht hat. Beim umschreibenden Zuhören müssen wir uns für einen Moment zurückhalten mit unserer Meinung, unserer Ansicht, unserer Bewertung, unseren Ratschlägen und was es sonst noch alles gibt.

> *Während wir beim aufnehmenden Zuhören zu erkennengeben, daß wir zuhören, bringen wir durch umschreibendes Zuhören zum Ausdruck, wie wir die Äußerungen des anderen verstehen.*

Aktives Zuhören

Die besondere Kunst des Zuhörens bildet das aktive Zuhören. Hierbei wird auch auf das geachtet, was nicht ausdrücklich angesprochen wird. Bei Lesetexten könnten wir sagen, daß aktives Zuhören auch das beachtet, was zwischen den Zeilen steht. Es handelt sich dabei um Gefühle und um Hoffnungen und Wünsche. Nun mag eingewendet werden, seit wann sich denn das Kundengespräch in der Energieberatung Gefühlen zuwenden soll. Es geht doch schließlich in erster Linie um Geräte bzw. um Fragen der Stromanwendung und die sollte man doch wohl auf keinen Fall mit Gefühl handhaben. Gefühle, nun ja, die gibt es, aber dafür sind andere zuständig. Doch diese Einteilung in subjektiv und objektiv, in sachlich und persönlich oder in rational und emotional stimmt so nicht. Stellen Sie sich nur einmal vor, der Zahnarzt geht nur auf die von Ihnen geschilderten Schmerzen ein und beachtet weder, daß Sie Angst haben, z. B. vor dem Bohren oder Zahnziehen, noch merkt er, daß Sie ausgesprochen verunsichert sind, weil Ihnen Ihre Zähne schon geraume Zeit Beschwerden machen. Nun, dieser Zahnarzt mag ein ausgezeichneter Techniker sein, der Ihnen im Handumdrehen den Zahn zieht oder sonstwie seine Behandlung angedeihen läßt, aber wir bezweifeln, daß Sie sich dort gut aufgehoben fühlen, daß Sie sich menschlich angenommen fühlen. Vielleicht sind das jetzt zu hochtrabende Worte. Welcher Kunde kommt schon mit derartigen Ansprüchen? Gewiß, mit derartigen Ansprüchen nicht, aber mit Ansprüchen! Einer dieser Ansprüche lautet: Ich will, daß man mir zuhört! Ich möchte mich verstanden f ü h l e n .

Hier mag eingewendet werden, daß viele Kunden doch gar nicht genau wissen, was sie wollen, ja daß diese oft verschwommene Vorstellungen mitbringen und deswegen Rat suchen, sprich: in die Be-RAT-ung gehen. Was soll man da also groß zuhören?

Nun, zuhören ist ja dreierlei, wie wir schon feststellen konnten: Zum einen schätzen es Menschen ganz grundsätzlich, wenn man ihnen zuhört, ganz unabhängig, wovon sie sprechen. In diesem Zusammenhang weisen wir besonders auf die vermehrten Probleme hin, die aus der Einsamkeit allein lebender Menschen, übrigens nicht nur alter Menschen, herrühren. Zum anderen beugen wir möglichen Mißverständnissen vor, indem wir sagen, wie etwas von uns verstanden wurde und schließlich erfahren wir während des Zuhörens sehr viel über die Eigenart des Kunden. Ein geschulter Zuhörer ist dann nicht nur in der Lage, sich so zu verhalten, wie es dem Wesen des Kunden entspricht, sondern kann auch aus dem Gehörten Anknüpfungspunkte für die weitere Beratung gewinnen. Beim aktiven Zuhören fragen wir uns darum fortwährend:

„Was beschäftigt den Kunden?"

„Was empfindet er?"

„Was meint er damit eigentlich?"

„Welche Interessen will er im Grunde genommen verfolgen?"

„Wie ist ihm zumute?"

Wohlgemerkt, diese Fragen richten wir im Stillen an uns selbst. In gar keinem Fall versuchen wir, die mögliche Antwort durch eine direkte Frage zu erhalten, denn das würde nur zum Ausdruck bringen, daß wir oberflächlich zugehört haben und nicht fähig sind, uns in die Lage bzw. in die Person des anderen hineinzudenken, ja hineinzufühlen.

Anders als beim umschreibenden Zuhören geben wir beim aktiven Zuhören nicht die ganze Aussage wieder, sondern versuchen knapp, das in Worte zu fassen, was gefühlsmäßig mitschwingt. In jedem Satz klingen Gefühle mit. Durch aktives Zuhören wird dem Kunden signalisiert, daß man diese Empfindungen mitbekommt. Mit derartigen Formulierungen können wir zeigen, daß wir uns ganz und gar auf den anderen Menschen einzustellen bemüht sind. Wir zeigen, daß wir versuchen, ihn, seinen Standpunkt und seine Situation zu verstehen. So betrachtet ist aktives Zuhören der Schlüssel zum Kunden, denn es begünstigt ein Gesprächsklima der Verbundenheit und des Vertrauens. Dadurch wird dem Kunden die Möglichkeit gegeben, sich selbst darüber klar zu werden, was er eigentlich will, was ihn alles bewegt und beschäftigt und was er aktiv zu unternehmen bereit ist.

Betrachen wir uns noch einmal das eingangs aufgeführte Gespräch, dort äußerte der Kunde:

Kunde: *Wissen Sie, ich habe nämlich im Dach ein kleines Mansardenzimmer ausgebaut, das wollte ich jetzt vermieten, an einen Studenten oder so. Ein Waschbecken mit fließend Kaltwasser ist schon da, – von früher, ... aber ich denke, mit fließend Warm- und Kaltwasser ist das besser zu vermieten, nicht wahr?!*

Bei aufnehmendem Zuhören würde der Berater den Kunden anschauen, mit dem Kopf nicken und vielleicht „Aja" sagen.

Umschreibendes Zuhören könnte so lauten:

Berater: *Um Ihr Mansardenzimmer geschickter vermieten zu können, möchten Sie, daß dort warmes und kaltes Wasser installiert wird.*

Das aktive Zuhören beachtet weniger die Installationsarbeit, als vielmehr die Unsicherheit des Kunden, sich in der gegebenen Situation optimal zu entscheiden. Der Berater könnte darum auch so klingen:

Berater: Sie sind sich noch nicht ganz sicher, wie Sie das Zimmer wassermäßig versorgen wollen.

Oder:

Berater: Im Moment sind Sie noch offen, was die Warmwasserversorgung angeht und suchen nach Informationen.

Bevor die Beratung durch gezielte Information und Demonstration am Gerät selbst zur Entscheidungshilfe für den Ratsuchenden wird, gilt es, die persönlichen Nutzenerwartungen des Kunden an ein Produkt, seine Wünsche und Vorstellungen (die offen geäußerten und die verdeckten) umfassend zu ermitteln. Gerade in der Kontaktphase sind für den Kunden bedarfsorientierte Fragen befremdlich; sie gehen nur zu leicht an den Bedürfnissen des Ratsuchenden vorbei, was dazu führen kann, daß dieser sich gefühlsmäßig nicht verstanden fühlt. Es ist bei vielen Beratungen ein mehr oder weniger verschwommenes Bedürfnis nach einem Produkt bzw. nach den mit diesem Produkt verbundenen Möglichkeiten vorhanden, welches den Ausgangspunkt für eine Beratungssituation bildet. Selten will ein Kunde seinen Bedarf decken, sondern er will kaufen, um ein Bedürfnis zu befriedigen. Der Nutzen eines Gerätes leitet sich nicht aus irgendwelchen Ausstattungsmerkmalen ab, sondern umgekehrt, die Bedürfnisse des Kunden bestimmen, welcher konkrete Nutzen eines Gerätes in den Vordergrund zu stellen ist. Aktives Zuhören orientiert sich an den Bedürfnissen des Kunden, an seinen Wünschen, z. B. nach Zuverlässigkeit, Zeitersparnis oder Bequemlichkeit.

Genaues Zuhören, richtiges Beobachten und Wahrnehmen sind die wichtigsten Voraussetzungen erfolgreicher Beratung. Vor dem Informieren steht aufnehmendes, umschreibendes und aktives Zuhören, der Schlüssel zur Vertrauensbildung und Sympathie.

WENN SIE KÖRPERSPRACHE BEWUSST HANDHABEN (BEACHTEN)

Ist das richtige Zuhören bereits als grundlegender Bestandteil überzeugender Beratung betont worden, möchten wir dies gleich erweitern und nach der „gehörten" nun auch die „gesehene" Wahrnehmung der vom Kunden ausgehenden Signale hinzu nehmen.

Es geht um die Wahrnehmung der Körpersprache des Kunden und um die Wahrnehmung und ggf. bewußte Steuerung und Kontrolle der eigenen Körpersprache als Berater.

Dabei wissen wir, daß das Hauptaugenmerk vieler Berater dem gesprochenen Wort gilt. Durch das Gesagte erfahren wir die Wünsche des Ratsuchenden, es werden dadurch die wichtigen Sachinformationen „transportiert", an denen der Ratsuchende offensichtlich interessiert ist und die für eine Entscheidungsfindung von zentraler Bedeutung sind. Aus vielen Untersuchungen über die Wirkungen von Gesprächen wissen wir jedoch, daß der Körpersprache des Beraters eine mindestens ebenso große Bedeutung zukommt. Beratungs- und Überzeugungsprozesse können durch den bewußten Einsatz körpersprachlicher Signale gezielt gefördert oder auch erschwert werden. Auch Sie selbst haben damit sicher schon Ihre Erfahrungen gemacht. So werden einige von Ihnen womöglich auf Tagungen oder Seminaren schon Referenten erlebt haben, bei denen allein schon dadurch nichts von dem Gesagten bei Ihnen haften blieb, weil sie durch ständiges nach Vorn- und Hintenwippen und -kippen oder durch unruhiges Hin- und Hertrippeln geradezu von ihren Ausführungen ablenkten. Auch andere Vortragskünstler dürften zu unserem gemeinsamen Erfahrungsschatz zählen, die 40 Minuten oder länger geradezu bewegungslos ihr Manuskript verlesen und erst im letzten Satz, mit dem sie zu einer offenen und lebhaften Diskussion ermuntern, unterstreichen sie dies durch ein kräftiges Aufkanten ihrer Unterlagen, die nun in der Sicherheit eines Aktendeckels verschwinden. Wir vermuten, daß sich dieser Referent am nächsten Tag im Kreise seiner Kollegen dann über das Desinteresse des „Publikums" mokieren wird, das trotz seiner ausdrücklichen Bitte kaum diskutieren wollte. Auch in anderen alltäglichen Situationen beobachten wir gelegentlich, wie das Gesagte von der Körpersprache des Sprechenden nicht nur nicht unterstrichen, sondern in das genaue

Gegenteil verkehrt wird. Offensichtlich trauen wir bei einem Auseinanderfallen von Gesagtem und körpersprachlich Ausgedrücktem eher der Körpersprache.

Sie können dies leicht mit einer kleinen Übung überprüfen, mit der Sie zugleich Ihre Wahrnehmungs- und Interpretationsfähigkeit körpersprachlicher Signale verbessern: Versuchen Sie in einem Gespräch, zu jeder Ihrer Aussagen körpersprachlich genau das Gegenteil auszudrücken. Ihr Gesprächspartner kommuniziert im Sinne der Übung ebenso „widersprüchlich". Beobachten Sie die Wirkung auf Ihren Gesprächspartner und auf sich selbst!

Körpersprache des Beraters

Selbstverständlich werden Sie in Ihren Beratungsgesprächen eine solche „widersprüchliche Kommunikation" tunlichst vermeiden. Ihr Bestreben wird es sein, Ihre Körpersprache bewußt zur Unterstützung Ihrer Beratungsaufgabe einzusetzen. Dabei können Sie nicht nur Ihre Ausführungen durch körpersprachliches Verhalten verdeutlichen, sondern auch Ihre Zuhörbereitschaft und Ihre allgemeine Wertschätzung des Kunden vor allem durch Ihren

Blickkontakt,
den Gesichtsausdruck,
durch Hand- und Armbewegungen
und durch Ihre Körperhaltung

zum Ausdruck bringen. Ob ein Berater richtig zugehört hat, zeigt sich deutlich im weiteren Verlaufe eines Beratungsgesprächs. Es ist jedoch wichtig, dem Gesprächspartner bereits bei seinen Ausführungen das Gefühl zu vermitteln, ihm wird zugehört.

Sie selbst werden sich gewiß an Situationen erinnern, in denen Ihnen ein Gesprächspartner dieses „Zuhörerinteresse" schon mal verweigert hatte. Vielleicht hat er sich im Sitzen nur ein wenig zurückgelehnt oder auch seinen Blick kurz zu den Personen am Nachbartisch schweifen lassen. Kleinigkeiten letztlich, die Sie jedoch möglicherweise als Indizien für ein nur mäßiges Interesse an Ihren Ausführungen oder gar an Ihrer Person deuteten.

Wahrscheinlich wäre Ihr Gesprächspartner sehr erstaunt gewesen, wenn Sie die wahrgenommenen Signale und deren Wirkung auf Sie unmittelbar angesprochen hätten. Dabei ist nicht auszuschließen, daß Ihre Interpretation voreilig oder schlicht falsch war. Denn ebenso wie sprachliche Eigenarten können sich auch körpersprachliche Verhaltensweisen einschleifen, die als bloße Angewohnheiten auch dann ihre Wirkung zeigen, wenn – um bei dem Beispiel zu bleiben – durchaus Interesse an Ihren Ausführungen vorhanden ist. Gerade weil körpersprachliche Signale so direkt auf unsere Gesprächspartner wirken, müssen grundlegende Empfehlungen für die Körpersprache des Beraters beachtet werden.

Blickkontakt

Wenn Sie in einem Gespräch Ihren Partner anschauen, signalisieren Sie ihm deutlich, daß Sie ihm zuhören und sich auf ihn konzentrieren. Auch während Ihrer eigenen Ausführungen halten Sie insgesamt guten Blickkontakt mit Ihrem Gesprächspartner, dem Sie so das Gefühl geben, daß Ihre Fragen oder Aussagen sich an ihn persönlich richten. Selbstverständlich ist dieser Blickkontakt nicht starr und kann (muß) gelegentlich unterbrochen werden, indem Sie kurz auf ein Demonstrationsobjekt, Ihre Unterlagen o. ä. schauen. Nur wenn Sie als Berater den Ratsuchenden ansehen, werden Sie übrigens die körpersprachlichen Signale des Kunden überhaupt bemerken können. Der von Ihnen insgesamt durchgehaltene Blickkontakt schafft zusammen mit einem freundlichen Gesichtsausdruck das Vertrauen, das für eine überzeugende Beratung unverzichtbar ist. Gerade in der Anfangsphase von Beratungsgesprächen stellen Sie mit diesen wenigen körpersprachlichen Mitteln entscheidende Weichen für den Verlauf des gesamten Gesprächs.

Körperhaltung

Häufig werden Beratungsgespräche im Stehen durchgeführt, wobei gelegentlich an einzelne Geräte herangetreten wird oder auch bestimmte Eigenarten an Geräten erläutert werden. Ebensogut können Beratungsgespräche auch im Sitzen geführt werden. Aufgrund der unterschiedlichen Beratungsgegenstände und räumlichen Gegebenheiten kann eine „allgemeine Empfehlung" zu dieser äußeren Form der Beratung von uns nicht gegeben werden. Wichtig für alle Beratungsgespräche ist jedoch die Beachtung der Distanz(zonen) zwischen den Gesprächspartnern. Wenn Sie in Ihren Beratungsgesprächen mit beiden Füßen fest auf dem Boden stehen und insgesamt eine ruhige Körperhaltung bevorzugen, haben Sie die Chance, diese „Grundposition" durchaus zu wechseln. Heben Sie dadurch ruhig einen bisher nicht gesehenen Aspekt oder ein „Pro" oder „Contra" Ihrer Ausführungen hervor. Dies ist auch im Sitzen möglich, wenn Sie

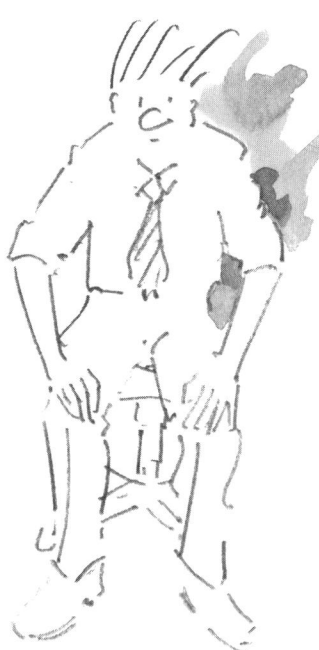

nicht starr an einer einmal eingenommenen Sitzposition festhalten. Sie werden im Sitzen übrigens häufig allein schon durch die Zurück- oder Vorneigung Ihres Oberkörpers Ihrem Gesprächspartner Distanz, Desinteresse, Arroganz oder aber Zuwendung und Interesse signalisieren.

Hand- und Armbewegungen

Sie verwenden Ihre Hand- und Armbewegungen in der Einzelberatung zur Hervorhebung bestimmter Aussagen. Dabei werden Sie noch dosierter als bei einem Vortrag vor vielen Menschen Ihre Gestik auf die persönliche Gesprächssituation abstimmen und wahrscheinlich häufig auch nur eine Hand zur Unterstreichung einzelner Aussagen benutzen. Ähnlich wie bei einem Vortrag werden

Sie insgesamt ruhige und (etwas) ausladendere und „offene" Gesten bevorzugen und beachten, daß Sie mit Handbewegungen oberhalb der Gürtellinie etwas positiv herausstellen können, während Sie mit Handbewegungen unterhalb der Gürtellinie Ihren Argumenten nichts Gutes antun. Kontrollieren Sie doch einmal selbst, wie Sie beispielsweise Informationsunterlagen oder Prospekte dem Kunden zeigen bzw. überreichen. Wir vermuten, daß die Höhe, in der Sie diese Materialien präsentieren und ob Ihre Handflächen dabei nach oben oder nach unten zeigen, Ihre eigene Wertschätzung dieser Unterlagen ausdrückt. Oder bitten Sie doch einfach eine Kollegin einmal, Ihnen Unterlagen in diesen verschiedenen Varianten zu präsentieren und entscheiden Sie, ob unsere Vermutung (zumindest was die „Wirkung" angeht) überzogen ist.

Ungünstige Körpersprache des Beraters

Die positiven Empfehlungen zur Körpersprache des Beraters sind hier bewußt allgemein gehalten, weil die tatsächliche Wirkung der Körpersprache sehr stark von der konkreten Situation, vor allem vom Gesprächspartner abhängt. Die in manchen populärwissenschaftlichen Veröffentlichungen fast beliebig aufgelisteten Deutungen bestimmter Gesten, die scheinbar exakte Rückschlüsse auf die Person zulassen, halten wir auch aus diesem Grunde für „wenig hilfreich". Ähnlich geht es uns, wenn wir auf Seminaren und Verhaltenstrainings gefragt werden, ob man denn nun tatsächlich die Hand nicht in die Hosentasche stecken oder sich wirklich nicht mal an ein Gerät oder an einen Tisch anlehnen dürfe. Sind solche und andere Körperhaltungen und

Gesten im Gespräch nur kürzere Zeit zu beobachten, können wir (die anderen wichtigen Merkmale einer solchen Situation bewußt vernachlässigend) hier nichts grundsätzlich Negatives entdecken. So relativierend sollten Sie auch die folgende kleine „Giftliste" zur Körpersprache des Beraters lesen, die sich übrigens beliebig erweitern ließe.

- Vermeiden Sie beim Zuhören ein ständiges (monotones) Nicken.

- Vermeiden Sie zu starke (vor allen Dingen) negative Mimik, wie Stirn runzeln, Lippen zusammenpressen u.a.m.

- Auch erhobene Zeigefinger und geballte Fäuste müssen nicht sein.

- Legen Sie Kugelschreiber u. ä. Geräte bei der Beratung aus der Hand. Sie verleiten zum „Spielen" oder verlängern ggf. Ihren Zeigefinger.

- Verschränken Sie Ihre Arme nicht allzu lange vor der Brust und vermeiden Sie insgesamt „geschlossene" Haltungen.

- Wippen Sie bitte nicht im Beratungsgespräch auf den Zehenspitzen und

- stehen Sie nicht vor den Geräten, deren Funktion Sie erläutern wollen.

Es kommt immer darauf an …!

Schoenheit: Ich vermute beinahe, daß nun einige Leser doch deutlichere Empfehlungen für ihre Körpersprache erwarten. Erst betonen wir die besondere Bedeutung der Körpersprache …

Weisbach: … berufen uns sogar auf die Autorität „Wissenschaft" …

Schoenheit: …und halten uns dann bei den konkreten Empfehlungen ziemlich bedeckt. Wir sollten uns nicht wundern, wenn wir in Beratungsgesprächen dann doch den Eindruck haben, die Körpersprache wird nicht gekonnt genug eingesetzt.

Weisbach: Es ist offensichtlich schwieriger für Beratungsgespräche verallgemeinerbare Regeln zu formulieren, als beispielsweise für Vorträge, deren Rahmenbedingungen sich viel stärker definieren lassen. Woran soll sich dann aber der Berater halten? Woher nehmen wir überhaupt unsere eigenen Maßstäbe, was situationsangemessen ist und was nicht? Das kann schnell auf eine Haarspalterei hinauslaufen, wie wir es bei Juristen teilweise erleben. Als juristische Laien glauben wir an das klare Regelwerk der Gesetze und der Rechtsprechung. Fragen wir jedoch einen Juristen, ob wir mit einer Reisereklamation im Recht sind, hören wir häufig „das kommt immer darauf an, ob dies oder ob jenes …!"

Schoenheit: Hinzutreten muß dann bei dem Berater (wie bei dem Juristen) die Fähigkeit, die jeweils konkrete Situation richtig wahrzunehmen und zu deuten. Und dies bezieht sich ja nicht nur auf die eigene Körpersprache, sondern auch auf die körpersprachlichen Signale, die vom Kunden ausgehen.

Weisbach: Für den Berater ist die Beobachtung der Körpersprache des Kunden fast noch wichtiger! Jedoch sollten wir auch hier unterstreichen, daß alle Deutungen und Interpretation natürlich spekulativ sind und es letztlich auch „… immer darauf ankommt, ob und wie …".

Körpersprache des Kunden

Wir wollen hier nicht die Körpersprache analysieren, um allgemeine Hinweise zu erhalten, ob etwa ein Kunde nun besonders selbstsicher oder im Gegenteil besonders hilfesuchend erscheint oder um andere allgemeine Charakterisierungen des Kunden zu ermöglichen. Mit allen Vorbehalten, die für uns hier ohnehin angebracht wären, werden Sie als Berater dafür bereits ein eigenes „Gespür" entwickelt und die entsprechenden körpersprachlichen Ausdrucksformen vor Augen haben. Wichtiger erscheint uns die Hervorhebung einiger konkreter körpersprachlicher Signale, die innerhalb eines Gesprächs von Ihnen bemerkt und ggf. beachtet werden könnten:

– Schaut sich der Kunde im Verlaufe des Beratungsgesprächs im Raum um, schweift sein Blick über (andere) Geräte u.a.m.?

Dies könnte für Sie als Indiz für noch andere Informationsinteressen gelten, dem Sie nachgehen können.

– Stützt er sein Gesicht auf die Faust oder mit seinen Händen, legt er seine Finger auf seinen Mund?

Sie könnten hierin einen Hinweis sehen, daß der Kunde nachdenkt und noch nicht alle seine Überlegungen ausgesprochen hat, die ihn aber dennoch beschäftigen.

– Weicht er einen Schritt zurück oder lehnt er seinen Oberkörper zurück und verschränkt die Arme vor seiner Brust?

Möglicherweise ist er von einer vorgeschlagenen Problemlösung wenig überzeugt, sieht für sich noch kein zufriedenstellendes Ergebnis der Beratung.

Diese und andere auffällige körpersprachlichen Signale des Kunden werden bei Ihnen selbstverständlich auch dann ihre „Wirkung" erzielen, wenn Sie diese Körpersprache gar nicht ausdrücklich bemerkt haben. Irgendwie wird sich ein Gefühl einstellen, daß der Kunde doch eher unsicher aus dem Beratungsgespräch herausgegangen ist. Wir vermuten, daß die bewußte Beachtung der Körpersprache des Kunden dazu führen kann, daß Sie in einem solchen Falle sofort, wenn diese „Unsicherheit" körpersprachlich signalisiert wird, darauf reagieren können. Sie könnten beispielsweise nochmals wichtige Argumente zusammenfassen oder (wahrscheinlich erfolgreicher) die „wahrgenommene" Unsicherheit offen ansprechen und z. B. formulieren „Sie sind noch unsicher, was die grundsätzliche Entscheidung anbetrifft". Sollte Ihre Deutung der körpersprachlichen Signale zutreffen, wird der Kunde höchstwahrscheinlich zustimmen und von sich aus seine Gründe dafür vortragen und Sie sind wieder in einem Gespräch.

Schoenheit: Nun sind wir ja doch noch der Versuchung erlegen, Patentrezepte vorzutragen. Vermutlich werden jetzt einige Leserinnen und Leser im Stillen denn auch gleich mit einem „Das klappt so nie!" protestiert haben.

Weisbach: Das direkte Ansprechen der Gefühle des Kunden, die in der Körpersprache ja ihren Ausdruck finden, mag zunächst ungewohnt erscheinen und hat ja auch einige Risiken. Hier wie auch sonst kommt es sehr stark auf den gewählten Tonfall an und vor allen Dingen müssen wir mit unserer Interpretation der Körpersprache richtig liegen.

Schoenheit: So laufen viele Überlegungen bei uns darauf hinaus, vor allem unsere Wahrnehmung körperlicher Signale und die in einem zweiten Schritt erfolgende Interpretation, die trotz aller Vorbehalte erforderlich ist, zu verbessern.

Wir möchten Sie zum Abschluß dieses Kapitels deshalb einladen, mit der jetzt folgenden Übung Ihre Wahrnehmungs- und Interpretationsfähigkeit von Körpersprache zu überprüfen und ein wenig zu verbessern.

Übung „Körpersprache"

Bitte notieren Sie zu jedem der acht nachfolgenden Bilder, welche körpersprachlichen Signale Ihnen auffallen und wie Sie die mögliche Wirkung auf einen gedachten Gesprächspartner (bzw. auf sich selbst) einschätzen. Sie können anschließend Ihre Auswertung mit unseren Lösungsvorschlägen vergleichen.

Bild 1

Körpersprachliche Signale

_____

_____

_____

_____

_____

_____

_____

_____

_____

_____

Mögliche Wirkung

_____

_____

_____

_____

_____

_____

_____

_____

_____

_____

Bild 2

Körpersprachliche Signale

_____

_____

_____

_____

_____

_____

_____

_____

_____

_____

_____

_____

Mögliche Wirkung

_____

_____

_____

_____

_____

_____

_____

_____

_____

_____

Bild 3

Körpersprachliche Signale

_____

_____

_____

_____

_____

_____

_____

_____

_____

_____

Mögliche Wirkung

_____

_____

_____

_____

_____

_____

_____

_____

_____

_____

Bild 4

Körpersprachliche Signale

_____

_____

_____

_____

_____

_____

_____

_____

_____

_____

_____

Mögliche Wirkung

_____

_____

_____

_____

_____

_____

_____

_____

_____

_____

_____

Bild 5

Körpersprachliche Signale

_____

_____

_____

_____

_____

_____

_____

_____

_____

_____

_____

Mögliche Wirkung

_____

_____

_____

_____

_____

_____

_____

_____

_____

_____

Bild 6

Körpersprachliche Signale

_____

_____

_____

_____

_____

_____

_____

_____

_____

_____

_____

Mögliche Wirkung

_____

_____

_____

_____

_____

_____

_____

_____

_____

_____

_____

Bild 7

Körpersprachliche Signale

_____

_____

_____

_____

_____

_____

_____

_____

_____

_____

Mögliche Wirkung

_____

_____

_____

_____

_____

_____

_____

_____

_____

_____

Bild 8

Körpersprachliche Signale

_____

_____

_____

_____

_____

_____

_____

_____

_____

_____

_____

Mögliche Wirkung

_____

_____

_____

_____

_____

_____

_____

_____

_____

_____

_____

Lösungsvorschläge

Körpersprachliche Signale

Bild 1	gespreizte Finger (Stachelschwein), Ellenbogen aufgestützt, durchgedrücktes Kreuz, Kopf leicht nach oben gezogen
Bild 2	geballte Faust, auf den Partner gerichteter Zeigefinger, Oberkörper stark nach vorn geneigt, auf vorderer Stuhlkante sitzend
Bild 3	leicht abgewandte Sitzhaltung, Beine vom Partner weggedreht, Hände halten sich fest
Bild 4	Oberkörper leicht vorgebeugt, Blickkontakt, Augenbrauen leicht hochgezogen, der Stift „zeigt"
Bild 5	Oberkörper und Kopf leicht zurückgeneigt, Blickkontakt von oben nach unten, Finger und Stift auf Partner gerichtet
Bild 6	Oberkörper leicht zurückgeneigt, Arme vor der Brust verschränkt, ernster, sachlicher Gesichtsausdruck und Blickkontakt
Bild 7	Oberkörper leicht vorgebeugt, offene Hände, freundlicher Blickkontakt
Bild 8	Oberkörper deutlich zurückgelehnt, schräge Kopfhaltung, Hände halten den Stuhl fest

Mögliche Wirkung

aufkommender Widerstand, Distanz, Ablehnung

Aggressivität, Konzentration, auf dem Sprung sein

auf Distanz gehend, verschlossen

Zuwendung, Aufmerksamkeit, Konzentration, Erstaunen, Distanz, Dominanzversuch mit dem Stift

Dominanz, Arroganz, besserwisserisch

Distanziertes Zuhören, Abwehr, in sich versunken

Zuwendung, Offenheit, ein Angebot machen

Distanz, skeptisches Zuhören, Festhalten an eigenem Standpunkt

WENN SIE IHRE GESPRÄCHSHALTUNGEN FLEXIBEL GESTALTEN

Mit Gesprächshaltung wird ein Verhalten bezeichnet, das auf Grund von Einstellungen, von inneren Überzeugungen zustandekommt. Bei vielen Menschen ist das Gesprächsverhalten spontan, also unreflektiert. Wer genau hinhört wird entdecken, daß die einzelnen Gesprächsreaktionen einander ähnlich sind, also unabhängig vom jeweiligen Gesprächspartner oder Gesprächsthema. Wir können uns vorstellen, daß Sie jetzt daran interessiert sind, Ihre spontane Gesprächshaltung zu erfahren. Dafür haben wir in Anlehnung an Roger Mucchielli* einen Test entwickelt, mit dem Sie entdecken können, wie flexibel Sie auf unterschiedliche Gesprächsanfänge reagieren.

Im folgenden finden Sie zehn Gesprächsausschnitte, wie sie so oder ähnlich Tag für Tag in Beratungsstellen vorkommen. Zu jeder Einstiegsäußerung des Kunden haben wir sechs unterschiedliche Berateräußerungen formuliert, die jede für sich genommen das Gespräch in eine bestimmte Richtung führen kann. Wenn Sie sich die Beraterreaktionen durchgelesen haben, dann kreuzen Sie bitte die Antwort an, die Ihnen am ehesten entspricht. Sollte Ihnen gar keine Äußerung gefallen – was bei der Vielzahl von individuellen Möglichkeiten durchaus der Fall sein kann – so kreuzen Sie einfach die Beraterreaktion an, die Ihnen von allen sechsen immer noch die beste, d. h. die Ihnen am ehesten entsprechende zu sein scheint. Wenn Sie daran interessiert sind, Ihre spontane Gesprächshaltung zu erfahren, dann werden Sie diesen Test zügig von Fall 1 bis Fall 10 durcharbeiten und etwa 15 Minuten benötigen. Im Anschluß daran finden Sie eine Anleitung, wie Sie diesen Test selbst auswerten können.

---

* *Roger Mucchielli: Das nicht-direktive Beratungsgespräch. Otto-Müller Verlag, Salzburg 1972.*

Gesprächsausschnitt Fall 1

Eine vierundvierzigjährige Frau, die einen etwas unbeholfenen Eindruck macht, sieht sich hilflos in der Beratungsstelle um. Als sie angesprochen wird, sagt sie mit leiser und stockender Stimme:

„Entschuldigen Sie, daß ich hier störe, äh, ich weiß ja auch nicht, äh, es geht um meinen Staubsauger. Ich habe eine sechsköpfige Familie und da fällt sehr viel äh, Schmutz an und zwei Staubsauger sind mir kurz nacheinander, äh, also ja, irgendwie kaputtgegangen. Was empfehlen Sie denn?"

Ihre Antwort

① Könnten Sie mir mehr darüber erzählen, was Sie brauchen? Also Größe der Wohnung, wieviele Zimmer, Teppiche oder Teppichboden oder Parkett usw. Es ist wichtig, vorher alles genau zu überlegen.

② Das ist sehr gut, sich vorher gut zu informieren, bevor man eine größere Anschaffung macht.

③ Ja, eigentlich wäre bei so einer großen Familie das Gerät X der Firma Y angemessen. Da gibt es zwei Ausführungen. Kommen Sie mal mit, ich will Ihnen die mal zeigen.

④ Na, wenn zwei Staubsauger hintereinander kaputtgehen, waren die wohl nicht sehr robust. Jetzt wollen Sie wahrscheinlich auf Nummer Sicher gehen.

⑤ Sie stören mich überhaupt nicht. Nach Ihren Staubsaugererfahrungen kann ich verstehen, daß Sie sich erst einmal informieren möchten.

⑥ Das ist natürlich ärgerlich, aber machen Sie sich mal keine Sorgen, wir werden schon das Passende für Sie finden.

Gesprächsausschnitt Fall 2

Ein achtunddreißigjähriger Mann geht forsch und zielstrebig auf die Beraterin zu und sagt:

> *„Ich möchte mir ein Mikrowellengerät kaufen. Ich habe mir eine Einbauküche selbst zurechtgezimmert und da fehlt jetzt in einem Hochschrank so ein Gerät, also da hätte ich in Sichthöhe gerade Platz. Wozu können Sie mir raten?"*

Ihre Antwort

① Na, wenn das man gut geht, also erst die Küche bauen und dann nach Geräten suchen. Hoffentlich haben Sie die Maße dabei.

② Sie haben sich für ein Mikrowellengerät in Sichthöhe entschieden. Jetzt suchen Sie noch nach einer empfehlenswerten Marke?

③ Sie kennen sich ja im Mikrowellengerätebereich schon gut aus. Sicher haben Sie sich damit schon umfassend beschäftigt.

④ Zunächst bräuchte ich mal die Maße, dann die Frage nach ausreichender Belüftung, also ob Magnetron und Elektronik gut gekühlt werden können und schließlich die Preisgruppe, an die Sie gedacht haben.

⑤ Na, das Problem dürfte ja zu lösen sein. Dazu haben wir schon einiges an Material und hier zwei Vorführgeräte. Das wird Ihnen bestimmt weiterhelfen.

⑥ Also in der unteren Preisklasse gibt es nur eine geringe Auswahl, z. B. die Geräte von X und die von Y. Ich zeige Ihnen mal an den Tischgeräten dort drüben die Unterschiede, die sich auch im Preis ausdrücken.

Gesprächsausschnitt Fall 3

Ein etwas nachlässig gekleideter, dreißigjähriger Mann geht schlaksig auf den Berater zu und sagt mit einem ironischen Lächeln:

> *„Also, meine Frau meint, sie braucht mit zwei Kindern eine Geschirrspülmaschine. Ich halte ja davon rein gar nichts, schon weil ich für mehr umweltbewußtes Denken bin. Aber sie will so ein Ding unbedingt haben, zu blöd aber auch."*

Ihre Antwort

① Sie scheinen sich nicht vorstellen zu können, wieviel Arbeit im Haushalt mit zwei Kindern täglich anfällt und warum Ihre Frau eine Spülmaschine zur Entlastung benötigt.

② Ihnen geht das gegen den Strich, so ein Gerät anzuschaffen. Das kommt Ihnen schon fast wie eine Umweltsünde vor.

③ Wie alt sind denn Ihre Kinder, also wieviel Geschirr fällt denn bei Ihnen täglich an? Und wie oft wäscht Ihre Frau ab?

④ Gerade die Spülmaschine erlaubt einen sinnvollen Einsatz von Energie, Wasser und Spülmittel. Bei dreimal täglich Spülen von Hand entstehen Ihnen Kosten, die ca. 100 Mark im Jahr höher liegen als bei einem maschinellen Normprogramm. Ich will Ihnen das gern einmal genau vorrechnen.

⑤ Na, gerade wer etwas auf umweltbewußtes Handeln gibt, sieht rasch ein, daß Abwaschen von Hand den Strom- und Wasserverbrauch in die Höhe treibt. Zum Glück sind Sie ja für vermehrtes Umweltbewußtsein.

⑥ Naja, Streit wegen einer Geschirrspülmaschine gibt's immer wieder. Meistens legt sich das, wenn das Gerät erst einmal in der Küche steht.

Gesprächsausschnitt Fall 4

Ein neunundfünfzigjähriger Mann zitiert in etwas herrischem Ton die Beraterin zu sich und sagt mit bestimmter, selbstbewußter Miene:

> *„Also Fräuleinchen, die Fernsehreklame über diese Durchlauferhitzer hat mich überzeugt. Sagen Sie mir aber mal, was denn da so an Kosten für mich entsteht."*

Ihre Antwort

① Nun, das hängt von der entnommenen Wassermenge, der gewünschten Temperatur und dem Wärmeverlust für Wassererwärmung, Speicherung und Verteilung ab. Aber machen Sie sich mal keine Sorgen, bei einem Wirkungsgrad von 99% sind die Kosten in einem günstigen Verhältnis zum Nutzen.

② Nun, wir können ja mal gleich Ihren Energiebedarf ermitteln, indem wir Ihre täglich benötigte Wassermenge mit 1,163, also der spezifischen Wärmekapazität von Wasser multiplizieren, und das Produkt nochmal multiplizieren sowohl mit dem Wirkungsgrad des Geräts, als auch mit der Differenz aus gewünschter Warmwassertemperatur und Kaltwassertemperatur.

③ Soll es ein thermisch geregelter oder hydraulisch gesteuerter Durchlauferhitzer sein? Und an welche Größe denken Sie?

④ Die Reklame hat Sie sehr angesprochen, Sie suchen jetzt aber nach einer klaren Aussage über mögliche Betriebskosten.

⑤ Wenn das in der Reklame bereits drin wäre, hätten Sie sich so ein Gerät schon gekauft.

⑥ Diese neue Generation Durchlauferhitzer ist wirklich gut.

Gesprächsausschnitt Fall 5

Eine siebenundzwanzigjährige Frau steht etwas unsicher am Eingang der Beratungsstelle und sagt auf Befragen leicht errötend:

„Ich habe gehört, daß Sie mich beraten können über Tiefkühlgeräte und so. Ich muß nämlich meinen Freund davon überzeugen, sonst kauft er mir keines."

Ihre Antwort

① Wie groß ist denn Ihr Haushalt? Wie betreiben Sie bislang Vorratswirtschaft bzw. was für ein Gerät zum Kühlen haben Sie denn im Moment?

② Sie suchen also ein Gefriergerät, bei dem Ihr Freund nur zustimmen kann.

③ Ehe Ihr Freund bereit ist, Ihnen ein Gefriergerät zu kaufen, muß er überzeugt werden. Dafür brauchen Sie jetzt hieb- und stichfeste Argumente.

④ Sagen Sie Ihrem Freund, daß Gefriergeräte einen preisgünstigen Einkauf größerer Mengen erlauben, gerade bei saisonal angebotenen Lebensmitteln. Darüber hinaus machen sie unabhängig von Ladenzeiten, auch von Jahreszeiten.

⑤ Männer haben da manchmal merkwürdige Vorurteile. Aber keine Sorge, ich werde Ihnen schon die richtigen Argumente mit auf den Weg geben.

⑥ Das ist gut, daß Sie sich erst einmal neutral und allein beraten lassen. Gerade bei der großen Auswahl von Kühl- und Gefriergeräten kommt es auf eine schlüssige Argumentation an.

Gesprächsausschnitt Fall 6

Ein junges Paar kommt in die Beratungsstelle, schaut sich interessiert um. Nach den Wünschen gefragt, beginnt der Mann:

„Tja, also wir haben da ein Haus geerbt, das von ihrer Groß-mutter, schaut auf seine Frau, *das wurde bislang mit Öfen, zumeist Holz, geheizt. Wir wollen nur mal fragen, wie das mit Strom ist.“*

Ihre Antwort

1. Komfortabler als mit Strom läßt sich kaum heizen. Denn Strom riecht nicht, macht keine Geräusche, verursacht keine Abgase. Ich will Ihnen einmal die verschiedenen Möglichkeiten zeigen.

2. Wer sich für eine elektrische Heizung und Warmwasserversorgung entscheidet, der genießt Komfort mit gutem Gewissen.

3. Sie überlegen sich, zu modernisieren und wollen die verschiedenen Möglichkeiten zunächst einmal kennenlernen.

4. Ja, das ist gar nicht so einfach, wenn man modernisieren will, die richtige Entscheidung zu fällen. Nun, wir kriegen das schon hin.

5. Wie groß ist denn das Haus? Haben Sie zufällig einen Bauplan dabei, damit wir die Energieversorgung begutachten können?

6. Wahrscheinlich ist Ihnen das alte System mit Holz und Kohle zu umweltbelastend, wegen des hohen Schadstoffausstosses, während ja Strom im Wärmemarkt umweltfreundlich ist.

Gesprächsausschnitt Fall 7

Eine etwa fünfundzwanzigjährige Frau betritt die Beratungsstelle und geht zielstrebig auf die dort aufgestellten Waschmaschinen zu. Als der Berater hinzukommt, sagt sie bestimmt:

> *„Also, ich brauch' 'ne Waschmaschine. Es wird Zeit, daß ich so ein Ding selber hab'. Nur gibt es so wahnsinnig viele Typen, ich mein' natürlich Waschmaschinentypen, welche ist wohl die richtige?"*

Ihre Antwort

① Wahrscheinlich suchen Sie ein Gerät für einen Ein-Personen-Haushalt.

② Am besten gehe ich mit Ihnen die verschiedenen Möglichkeiten durch. Den größten Komfort bietet natürlich der Waschvollautomat mit den Arbeitsgängen Waschen, Spülen und Schleudern.

③ Ja, der Markt ist da nicht leicht zu überblicken. Ich habe hier eine Checkliste für Ihre Kaufentscheidung, damit kriegen wir das schon hin.

④ Im Moment sind Sie noch völlig offen, welches Modell für Sie in Frage kommt, welches Gerät für Ihre Situation am besten geeignet ist.

⑤ Es ist immer gut, wenn man vor großen Anschaffungen fachlichen Rat einholt.

⑥ Wieviel Wäsche fällt denn bei Ihnen wöchentlich an? Und die andere Frage: Wo soll das Gerät denn stehen?

Gesprächsausschnitt Fall 8

Ein fünfunddreißigjähriger Mann kommt in die Beratungsstelle, schaut sich neugierig um und sagt zur Beraterin klar und entschieden:

„Ich brauche einen neuen Herd. Aber einen, der sich sehen lassen kann, also mit allem Schickimicki."

Ihre Antwort

① Denken Sie an ein Stand- oder an ein Einbaugerät?

② Sie möchten gern darüber informiert werden, welcher Herd für Sie in Frage kommt und gleichzeitig soviel Komfort wie möglich bietet.

③ Es ist nicht immer nötig, daß man alle Extras, die der Markt so bietet, mitkauft. Was Sie Schickimicki nennen, ist manchmal auch nur Schnickschnack.

④ Ihr Herd soll also zum Vorzeigen sein; gewissermaßen ein Schaustück Ihrer Küche.

⑤ Ich kann Ihnen hier drüben einmal verschiedene Herdmodelle zeigen. Für Ihren Anspruch eignet sich sicherlich ein Herd mit Glaskeramik-Kochfeld.

⑥ Zum Glück haben wir eine kleine Sonderschau hier aufgebaut, da werden Sie bestimmt etwas finden, das Ihren Ansprüchen genügt.

Gesprächsausschnitt Fall 9

Eine etwa vierzigjährige Frau in Begleitung zweier Kinder (ca. 3 und 5 Jahre) betritt die Beratungsstelle und fragt fast weinerlich mit leiser Stimme:

„Haben Sie etwas über Waffeleisen? Ich suche schon so lange nach einem, das nicht teflonbeschichtet ist, aber keiner kann mir weiterhelfen, Sie sind jetzt meine letzte Hoffnung."

Ihre Antwort

① Nur Mut! Ich will Ihnen da gern helfen, etwas Geeignetes zu finden.

② Daß man Sie überall so hat abfahren lassen, ärgert Sie bestimmt. Keiner war bereit, Sie einmal vernünftig und umfassend aufzuklären.

③ Sie haben schon fast alle Hoffnung aufgegeben, ein Waffeleisen zu finden, das nicht teflonbeschichtet ist.

④ Ich weiß nicht, was Sie gegen Teflon haben, aber gerade bei Waffeleisen können Sie wesentlich schonender, weil fettärmer, das Essen bereiten.

⑤ Was haben Sie denn gegen Teflon?

⑥ Also im Moment gibt's gar nichts auf dem Markt. Bis Ende 86 gab es ein Gerät der Firma X, die ist aber pleite gegangen. Aber auf der Domotechnica konnte ich erfahren, daß Mitte 88 die Firma Z vielleicht ein Gerät ohne Teflon auf den Markt bringt. Es bleibt Ihnen nichts anderes übrig, als zu warten.

Gesprächsausschnitt Fall 10

Eine elegant gekleidete Frau steuert zielstrebig auf die Beraterin zu und sagt bereits aus zwei Meter Entfernung:

„Also, Sie, Ihre letzte Beratung war äußerst schlecht! Ich weiß nicht, ob Sie es waren oder Ihre Kollegin, ist ja auch egal, auf jeden Fall hätten Sie mir sagen können, daß man auch in einer Waschmaschine trocknen kann und nicht zwei Geräte dafür benötigt."

Ihre Antwort

① Sie sind jetzt ganz empört, hier nicht umfassend beraten worden zu sein.

② Da wird Sie wohl meine Kollegin beraten haben, die kommt morgen wieder. Ich bin nämlich erst seit kurzem hier in der Beratungsstelle.

③ Wenn wir Ihnen zu einer Waschmaschine und einem Waschtrockner geraten haben, dann war das für Ihre Anforderungen genau das Richtige. Waschtrockner haben beim Trocknen ja nur ein Fassungsvermögen von 2 – 2,5 kg Koch- bzw. Buntwäsche.

④ Ich frage mich, ob Sie uns bei der Beratung damals alles gesagt haben, was nötig ist, um Sie angemessen zu informieren.

⑤ Oh, das tut mir aber leid, wenn Sie hier falsch beraten wurden. Wir wollen mal sehen, ob nicht für das, was Sie nun angeschafft haben, die besseren Argumente sprechen.

⑥ Was hat man Ihnen denn genau gesagt? Wann war denn das?

Einzelauswertung der Übung

Beginnen Sie, die Nummer Ihrer Antwort zu jedem Gesprächsausschnitt in der untenstehenden Tabelle einzutragen, indem Sie das Kästchen schraffieren, das – je nach Fall – die Nummer Ihrer spontanen Antwort aufweist, ohne daß Sie sich schon um die Buchstaben in der ersten, linken Spalte kümmern.

	Fall 1	Fall 2	Fall 3	Fall 4	Fall 5	Fall 6	Fall 7	Fall 8	Fall 9	Fall 10	Summe
A	2	1	5	6	6	2	5	3	4	3	
B	4	3	1	5	2	6	1	4	2	4	
C	6	5	6	1	5	4	3	6	1	5	
D	1	4	3	3	1	5	6	1	5	6	
E	3	6	4	2	4	1	2	5	6	2	
F	5	2	2	4	3	3	4	2	3	1	

Sie haben nun den Test ausgewertet und die schraffierten Kästchen in der letzten Spalte zusammengezählt. Unabhängig von der Anhäufung in den einzelnen Zeilen, können Sie jetzt schon Aussagen darüber machen, ob sich Ihre Antworten gleichmäßig auf alle Zeilen verteilen, also etwa zwei pro Zeile, oder ob es typische Häufungen gibt, in einer Zeile also mehr als fünf Antworten liegen.

Wer also beispielsweise in Zeile A sechs Kästchen schraffiert hat und in Zeile E vier, von dem läßt sich sagen, daß 60% seiner spontanen Antworten einem A-Verhalten entsprechen und 40% seiner Antworten dem E-Verhalten zuzuordnen sind.

Möglicherweise werden Sie langsam ungeduldig, wollen endlich erfahren, was sich hinter diesen Buchstaben A bis F verbirgt, wollen die Auflösung Ihres Tests wissen.

Wenn wir jedoch statt der Testauflösung noch einmal in die verschiedenen Gesprächsausschnitte hineinschauen, dann deshalb, weil wir uns vorstellen können, daß Sie von einem Übungsbuch mehr erwarten, als lediglich ein Lesevergnügen.

Wir wollen im folgenden herausarbeiten, was die verschiedenen Beraterreaktionen im Ratsuchenden auslösen können.

So betrat beispielsweise im Fall 7 eine etwa 25jährige junge Frau die Beratungsstelle mit dem Wunsch:

> **Kundin:** *„Also, ich brauch' 'ne Waschmaschine. Es wird Zeit, daß ich so ein Ding selber hab'. Nur gibt es so wahnsinnig viele Typen, ich mein' natürlich Waschmaschinentypen, welche ist wohl die richtige?"*

Untersuchen wir hierzu einmal die erste Beraterreaktion:

① **Berater:** *„Wahrscheinlich suchen Sie ein Gerät für einen Ein-Personen-Haushalt."*

Wie mag wohl diese Äußerung von der Ratsuchenden erlebt werden? Da wird unterstellt, daß diese junge Frau Junggesellin sei. Was, wenn das nicht stimmt? Wie soll da Vertrauen entstehen? Zugegeben, wer sagt, daß es Zeit werde, selbst eine Waschmaschine zu besitzen, räumt ein, bislang noch keine sein eigen zu nennen. Doch dafür können wir uns vielfältige Erklärungen denken. Die junge Frau könnte ja verheiratet sein, wohnt aber bei ihren oder den Schwiegereltern und nutzt deren Maschine oder sie wohnt in einer Wohngemeinschaft, will aber fortan eine eigene Maschine haben oder sie plant, mit ihrem Freund zusammenzuziehen und will sich für den geplanten Hausstand beraten lassen.

> *Wird in die Äußerung eines Ratsuchenden mehr hineingedeutet, als dieser tatsächlich gesagt hat, so kann dies leicht als Unterstellung aufgefaßt werden, mit all den negativen Folgen, die Unterstellungen nun einmal mit sich bringen.*

Wie steht's mit der zweiten Beraterreaktion?

② **Berater:** *„Am besten gehe ich mit Ihnen die verschiedenen Möglichkeiten durch. Den größten Komfort bietet natürlich der Waschvollautomat mit den Arbeitsgängen Waschen, Spülen und Schleudern."*

Oberflächlich betrachtet könnte man meinen, jetzt bekommt die Kundin genau das, worum sie eingangs gebeten hatte. Wirklich? Der Einstieg ist fürwahr vielversprechend: Das Angebot, die verschiedenen Möglichkeiten durchzugehen. Doch dieses Angebot wird keineswegs eingelöst, statt dessen wird eine bestimmte Lösung bereits nahegelegt, nämlich die Lösung mit dem größten Komfort. Ehe geklärt ist, was die Kundin an objektivem Bedarf hat und subjektiv als Bedürfnis mitbringt, wird der Waschvollautomat mehr oder minder empfohlen.

Eine Redewendung sagt: „Ratschläge sind auch Schläge." Dies gilt ganz besonders für ungebetene Ratschläge.

> *Das rasche, meist voreilige Anbieten einer Lösung, eines Ratschlags kann den Kunden einengen. Dieser spürt, daß ihm etwas nahegelegt werden soll. Er verschließt sich deswegen häufig und neigt dazu, sich gegen die Lösung abzuschotten, selbst wenn diese objektiv betrachtet für ihn nützlich wäre.*

Analysieren wir einmal die dritte Beraterreaktion:

③ **Berater:** *„Ja, der Markt ist da nicht leicht zu überblicken. Ich habe hier eine Checkliste für Ihre Kaufentscheidung, damit kriegen wir das schon hin."*

Auf den ersten Blick wirkt diese Äußerung doch nun wirklich ermutigend. Stimmt! Doch wozu ermutigen, wenn keine Niedergeschlagenheit herrscht, wenn auch keine Sorgen oder Ängste bestehen? Die Berateräußerung, daß der Markt nicht leicht zu überblicken sei, zeigt Verständnis und geht auf die Verwirrung der Kundin ein, doch die folgende Äußerung kann nur zu leicht entmündigend wahrgenommen werden, der Berater spricht im Wir-Ton, wenn er äußert: „Wir kriegen das schon hin".

> *Ermutigende, tröstende Äußerungen vermitteln leicht die Botschaft von „Kopf hoch!" bzw. „Nur Mut, es wird schon werden." Wer den Kopf nicht hängen läßt oder nicht mutlos ist, kann derartige Reaktionen leicht als betuliches Gehabe aufnehmen und sich entsprechend unwillig abwenden.*

Wie lautete noch Äußerung vier?

④ **Berater:** *„Im Moment sind Sie noch völlig offen, welches Modell für Sie in Frage kommt, welches Gerät für Ihre Situation am besten geeignet ist."*

So wenig diese Beraterreaktion inhaltlich etwas vermittelt, so viel verdeutlicht sie dem Ratsuchenden, daß ganz genau zugehört wurde. Dieses umschreibende Zuhören dient außerdem der Klärung, wird doch überprüft, ob die Kundin wirklich offen in ihrer Kaufentscheidung ist oder womöglich mit einem bestimmten Modell oder einer Firma liebäugelt.

> *Durch umschreibendes oder aktives Zuhören wird dem Ratsuchenden vor allem Verständnis entgegengebracht, das ihm zeigt, daß die Beratungskraft sich in die individuelle Problemlage hineinzudenken bemüht.*

Aber es gab ja noch mehr Beraterreaktionen im Fall 7:

⑤ **Berater:** *„Es ist immer gut, wenn man vor großen Anschaffungen fachlichen Rat einholt."*

Häufig kann man hören, daß Lob stets positiv ist. Zwischen zwei fremden Erwachsenen kann diese Beraterreaktion jedoch altklug wirken. Mancher Kunde wird sich sagen: „Ob das gut oder schlecht ist, das geht den doch nichts an! Ich komme freiwillig hierher und will mich informieren, ich will mich aber nicht bewerten lassen."

> *Lob und Tadel, wie überhaupt alle wertenden Berater-äußerungen bringen eine moralische Komponente ins Gespräch, die leicht vom Wesentlichen ablenken kann.*

Und wie ist es mit der letzten, der sechsten Äußerung bestellt?

⑥ **Berater:** *„Wieviel Wäsche fällt denn bei Ihnen wöchentlich an? Und die andere Frage: Wo soll das Gerät denn stehen?"*

Jetzt wird's endlich fachlich! Klare Fragen führen das Gespräch doch schlußendlich auf das Wesentliche. Aber was ist denn hier das Wesentliche? Immer das, was die Beratungskraft gelernt hat zu fragen? Oder zunächst einmal – es handelt sich ja um die erste Berater-äußerung in diesem Gespräch – die Bedürfnislage des Kunden? Denn zu so einem frühen Zeitpunkt besteht die Gefahr, daß die Kundin diese wichtigen Fragen nicht nachvollziehen kann, ja ihre Bedeutung noch nicht versteht und sich eher ausgefragt fühlt und sich geniert, Angaben über ihren wöchentlichen Wäschebedarf zu machen.

> *Fragen, die dem Ratsuchenden nicht nachvollziehbar sind, können von diesem nur zu leicht als Ausfragen er-lebt werden, was zu entsprechendem Unmut führt; da-mit einher geht die Gefahr, daß die Fragen nur zögernd oder gar geschönt beantwortet werden, weil der Kunde die Bedeutung der Antwort noch nicht versteht.*

Nach dieser ausführlichen Erarbeitung der Beraterreaktionen gilt es nun, Ihnen die Testauflösung in die Hand zu geben. Auf der nächsten Seite haben wir Ihnen zusammengestellt, welche „Antworttendenzen" sich hinter den Buchstaben A bis F verbergen. Da diese sechs Reaktionen in Beratungsgesprächen sehr häufig als erste Antwort erfolgen, sprechen wir von „Antworttendenzen", denn unserer Meinung nach wird bereits in der ersten Erwiderung so etwas wie eine allgemeine Grundstimmung deutlich, die den weiteren Verlauf des Gesprächs maßgeblich mitbestimmen kann.

Antworttendenzen in einem Beratungsgespräch

A Ihre Antworten sind WERTEND, d. h. sie implizieren einen moralischen Standpunkt und beinhalten ein ablehnendes oder zustimmendes Urteil über den Ratsuchenden/Kunden.

B Ihre Antworten sind INTERPRETATIONEN. Sie verstehen nur, was Sie verstehen wollen; Sie betonen, was Ihnen wichtig erscheint und Ihr Verstand sucht nach einer Erklärung. Es kommt vor, daß Sie dabei die Aussage des Ratsuchenden verzerren bzw. seinen Gedankengang verfremden.

C Ihre Antworten haben STÜTZENDEN/TRÖSTENDEN Charakter und zielen auf eine Ermutigung, Beruhigung oder einen Ausgleich ab. Sie empfinden eher Mitleid und glauben, daß man das Problem/die Sache nicht noch stärker dramatisieren sollte.

D Ihre Antworten sind FORSCHEND. Sie bemühen sich, mehr zu erfahren und lenken das Gespräch in die Richtung, die Ihnen wichtig erscheint, verdächtigen u. U. den Ratsuchenden, das Wichtigste zu verschweigen oder die Zeit zu verschwenden. Sie sind offensichtlich in Eile und bedrängen den Ratsuchenden mit Ihren allzu direkten Fragen.

E Sie neigen dazu, in Ihren Antworten eine SOFORTIGE LÖSUNG DES PROBLEMS zu geben. Sie reagieren durch Handeln und drängen zur Tat. Sie finden sofort die Lösung, die Sie geben würden; Sie warten nicht ab, bis Sie mehr erfahren haben. Sicherlich werden Sie bei dieser Vorgehensweise den Ratsuchenden und sein Anliegen los.

F Ihre Antworten zeigen VERSTÄNDNIS und spiegeln Ihre Bemühungen wider, sich wirklich in die Problemlage des Ratsuchenden zu versetzen. Sie wollen vor allem sichergehen, das Gesagte richtig verstanden zu haben. Diese Haltung ermutigt den Gesprächspartner und regt ihn zu weiteren Ausführungen an.

Die Kapitelüberschrift lautet: WENN SIE IHRE GESPRÄCHS-HALTUNG FLEXIBEL GESTALTEN. Vielleicht mag der Eindruck entstehen, wir favorisieren als Gesprächsreaktion ausschließlich „Verständnis". Dies trifft lediglich für den Gesprächsanfang zu. Jede dieser Reaktionsmöglichkeiten hat ihren Stellenwert zu ihrer Zeit. Mit anderen Worten, eine gute Beratungskraft wird sehr wohl Ratschläge erteilen, aber eben erst, wenn der Kunde, der Ratsuchende darum bittet, zu verstehen gibt, jetzt dafür offen zu sein. Ebenso ist es mit Fragen. In der Phase der Bedarfsanalyse sind Fragen, soweit sie dem Kunden nachvollziehbar sind, das Mittel der Wahl. Mancher Ratsuchende kommt verzweifelt oder niedergeschlagen in die Beratungsstelle. Hier sind ermutigende, aufbauende Beraterreaktionen nicht nur angebracht, sondern erforderlich. Manchmal drücken sich Kunden so verwirrend aus, daß nur mit viel Interpretationsgeschick der Sinn zu erfassen ist. Eine talentierte Beratungskraft wird dieses Geschick entsprechend zu nutzen wissen, jedoch sich mit Deutungen zurückhalten, wenn der Kunde klare Formulierungen abgibt oder eine einfache Nachfrage gegenseitiges Verstehen erhöht. In etlichen Beratungsgesprächen erwarten Kunden eine Wertung, erwarten Zustimmung bzw. Ablehnung. Wichtig ist auch hier der angemessene Zeitpunkt. Lädt der Kunde zur Wertung ein oder wird dem Kunden eine Wertung mehr oder weniger nahegelegt oder gar aufgedrängt?

Bei unserem kleinen Test zum Entdecken spontaner Gesprächshaltungen ging es ausschließlich um Gesprächsanfänge. Hier erweist sich die Verständnis-Reaktion als allen anderen Formen überlegen. Wie wichtig eine befriedigende Verständigung, also Verständnis ist, zeigen die jüngsten Untersuchungen zum Verbraucherverhalten, die deutlich machen, daß die noch vor ein paar Jahren übliche Orientierung an Preis und Prestige einer Neuorientierung Platz gemacht hat. Soziologen haben den Begriff von der postmateriellen Gesellschaft geprägt, das heißt, die Beziehungen der Menschen untereinander sind wichtiger geworden als die rein materiellen Werte. Das läßt sich einerseits mit den erweiterten Möglichkeiten der Kommunikation erklären, andererseits spielt die deutlich vermehrte Freizeit eine wichtige Rolle. Persönliche Ansprache wird zunehmend wichtiger und Meinungsbildung wird vornehmlich durch direkten menschlichen Kontakt geprägt. Die Energie-Beratung nimmt dabei eine Sonderposition ein. Elektro-Geräte sind für den Normal-Verbraucher nur schwer erfahrbar. Stromanwendung ist eine ausgesprochen unpersönliche Angelegenheit. Der Strom selbst kommt eben aus der Steckdose. Wie er dort hinkommt, weiß der Verbraucher nicht so recht und was er genau in einem Gerät vollbringt, ahnt dieser mehr, als daß er es genau nachvollziehen kann.

Bei einer derartigen Ausgangssituation kommt der menschlichen Erfahrbarkeit des jeweiligen Produkts eine besondere Bedeutung zu. Und hier ist die Energie-Beratung gefragt, die dem Ratsuchenden personbezogene Informationsvermittlung bieten kann, die das erforderliche Maß an Verständnis aufbringt, das vielfach dem Kunden andernorts nicht (mehr) entgegengebracht wird. Eingeengte Gesprächshaltungen veranlassen viele Berater dazu, „bedarfsorientiert" zu beraten. Doch diese Gespräche gehen fast immer an den Bedürfnissen des Kunden vorbei. Weil sich dieser nicht „gefühlsmäßig verstanden" fühlt, bleiben diese Gespräche zäh und unbefriedigend. Wir wollen nichts gegen eine Bedarfsermittlung einwenden. Bedarf ist ein Mangel, dieser kann festgestellt werden. Bedarf orientiert sich an Fakten, ist gewissermaßen objektiv, ist in Zahlen festhaltbar.

Ganz anders jedoch das Bedürfnis. Es ist ein Gefühl, etwas zu bedürfen, ein Verlangen. Dieses kann geweckt und bewußt gemacht werden. Bedürfnis orientiert sich am Gefühl, es ist etwas ausgesprochen Subjektives.

„GESPRÄCHSHALTUNGEN FLEXIBEL GESTALTEN" meint, dem Kunden dort mit Verständnis offen zu begegnen, wo dieser sich über seine ureigensten Bedürfnisse zunächst einmal klar werden könnte; meint, Zurückhaltung an den Tag zu legen, wo der Kunde seine Gedanken und Ideen entfalten könnte und meint schließlich Lenkung, sobald mit dem Kunden

abgeklärt ist, wessen er bedarf und wonach ihm sein Sinn, sein Gefühl steht. Flexible Gesprächshaltungen orientieren sich an der Situation und folgen keinem Raster.

Eine Möglichkeit, sich die verschiedenen Gesprächstendenzen bewußt zu machen, besteht darin, die eigene Wahrnehmung zu schärfen. Gesprächsausschnitt sieben haben wir ja sehr ausführlich besprochen. Wir schlagen Ihnen vor, sich die anderen neun Fälle noch einmal vorzunehmen und die sechs jeweiligen Beraterreaktionen zu klassifizieren, ihnen also eine der sechs Benennungen zu geben. Vielleicht entdecken Sie auf diesem Wege, daß Sie nun, am Kapitelende, beim zweiten Durcharbeiten ganz anders ankreuzen würden als beim erstenmal. Uns ist wichtig, daß Sie zunächst an diesen Textbeispielen, doch dann in einem weiteren Schritt anhand tatsächlicher Beraterreaktionen (Ihrer eigenen, sowie die Ihrer Kollegen) erkennen, um welche Sorte von Antwort es sich jeweils handelt. Es ist allemal besser zu wissen, was man gerade tut, als unreflektiert drauflos zu beraten.

Als Test für Freunde und Kollegen

Wir sind uns bewußt, daß gerade in einem Beratungsgespräch „der Ton die Musik macht". Das gelesene Wort kann von Ihnen mal so und mal so betont werden, entsprechend unterschiedlich wird ein und dieselbe Formulierung auf Sie wirken.

Wenn Sie diesen Test mit Freunden oder Kollegen durchführen, schlagen wir Ihnen vor, sowohl die Kundenäußerungen als auch die verschiedenen Berateräußerungen laut vorzulesen, damit für Ihre „Test-Personen" eine einheitliche Bewertung möglich ist.

WENN SIE DOSIERTES INFORMIEREN NUTZEN

Die bisherigen Kapitel, die sich mit dem Zuhören, der Körpersprache und den grundlegenden Gesprächshaltungen des Beraters beschäftigen, werden für diejenigen unserer Leser nur eine Art Vorgeplänkel darstellen, für die die eigentliche Beratung im Grunde erst dann beginnt, wenn der Berater seine Sachinformation ausbreitet. Diese Leser werden uns womöglich schon den stillen Vorwurf gemacht haben, daß die Kunden schließlich nicht eine Beratung in Anspruch nehmen, damit ihnen mal zugehört wird oder damit sie sich verstanden fühlen. Wer zur Beratung kommt, will ein mehr oder weniger konkretes, aktuelles Problem lösen und dazu benötigt er spezielle Informationen, die der Berater zur Verfügung stellen kann. Noch mehr! Nicht wenige erwarten sich sogar eine maßgeschneiderte Problemlösung durch den Berater, der als Experte für bestimmte Sachgebiete angesehen wird.

Genauso sehen wir das auch! Gerade weil in Beratungsgesprächen spezielle Informationen und maßgeschneiderte Problemlösungen erwartet werden, beginnt jedoch für uns die Kunst des dosierten und richtigen Informierens mit dem Zuhören. Erst wenn Sie in einem Beratungsgespräch vor allem durch Zuhören und ergänzt durch Ihre Fragen ermittelt haben, welche Bedürfnisse und Handlungsziele der Kunde hat und welche objektiven Rahmenbedingungen (z. B. Haushaltssituation) seine Entscheidungen eingrenzen, können Sie gezielt aus der Fülle der vorhandenen Informationen die wichtigen herausgreifen und sie dem Kunden anbieten.

Für den Kunden, der für sich eine Problemlösung sucht, sind zusätzliche Informationen (die „an sich" interessant sind) häufig eher verwirrend. Wichtiger ist es, die tatsächlich erforderlichen Informationen so aufzubereiten und vorzutragen, daß der Kunde ihre Bedeutung für sein Entscheidungsproblem erkennen kann. Das gelingt Ihnen am besten, wenn Sie möglichst oft vom sogenannten „Sie-Standpunkt" aus formulieren und wenn Sie beachten, daß die Kunden häufig weniger an gerätetechnischen Detailfragen, als vielmehr an dem konkreten Nutzen interessiert sind, der mit speziellen gerätetechnischen Eigenarten verbunden sein kann. Wir schlagen Ihnen deshalb gleich vor, die nachfolgend aufgelisteten Äußerungen so umzuformulieren, daß Ihre Aussage aus der Sicht des Kunden getroffen wird, also der sogenannte „Sie-Standpunkt" eingenommen wird. Versuchen Sie gegebenenfalls auch, die konkreten kundenbezogenen Nutzenstiftungen bei Ihren Neuformulierungen zu betonen. Sie können Ihre Ergebnisse anschließend mit unserem Lösungsvorschlag vergleichen.

Beraterformulierung	**Ihre Formulierung**
1. Mikrowellen-Geräte werden strengen Sicherheitsprüfungen unterzogen, um die Dichtigkeit der Geräte zu gewährleisten.	1a Die strengen Sicherheitsprüfungen garantieren Ihnen die Sicherheit, auf die Sie zu Recht Wert legen.
2. Mikrowellen-Geräte mit 4 oder mehr Stufen oder mit stufenloser Einstellung ermöglichen eine genauere Anpassung an das Lebensmittel und die Art der Zubereitung.	2a _____
3. Bei sogenannten Automatikprogrammen wird nur noch das jeweilige Gewicht des Lebensmittels eingegeben.	3a _____
4. Für das Kochen im Mikrowellen-Gerät ist kein Spezialgeschirr erforderlich.	4a _____

5. Im Vergleich mit Folien sind wiederverwendbare Materialien wie Glas und Porzellan wirtschaftlicher und umweltschonender.

5a _____
_____
_____
_____
_____
_____
_____

6. Thermostatventile regeln die eingestellte Temperatur selbsttätig und verringern den Energieverbauch bis zu 15%.

6a _____
_____
_____
_____
_____
_____
_____

7. Ausschlaggebend ist vor allem, wie der Dachraum genutzt werden soll.

7a _____
_____
_____
_____
_____
_____
_____

8. Eine andere Möglichkeit ist der Elektro-Durchlaufspeicher, der bei kurzer Aufheizzeit eine hohe Warmwasserentnahmeleistung ermöglicht.

8a _____
_____
_____
_____
_____
_____

9. Dreimal tägliches Spülen von Hand ist im Vergleich zum maschinellen Spülen um ca. 100,– DM teurer.

9a _____
_____
_____
_____
_____
_____
_____

Lösungsvorschlag

1a. Die strengen Sicherheitsprüfungen garantieren Ihnen die Sicherheit, auf die Sie zu Recht Wert legen.

2a. Geräte, die über 4 oder mehr Stufen oder auch über eine stufenlose Schaltung verfügen, erlauben Ihnen eine bessere Anpassung an das Lebensmittel und die Art der Zubereitung (mit letztlich besseren Kochergebnissen).

3a. Das sogenannte Automatikprogramm, bei dem Sie nur noch das jeweilige Gewicht des Lebensmittels eingeben, erleichtert Ihnen die Bedienung.

4a. Für das Kochen im Mikrowellen-Gerät benötigen Sie kein Spezialgeschirr, so daß keine weiteren Kosten auf Sie zukommen.

5a. Wenn Sie statt Folien häufiger Glas und Porzellan verwenden, sparen Sie Geld und leisten gleich noch einen kleinen Beitrag zum Umweltschutz.

6a. Mit Thermostatventilen, die die eingestellte Temperatur selbsttätig regeln, sparen Sie bis zu 15% Ihrer Energiekosten.

7a. Ausschlaggebend für Ihre Entscheidung wird sein, wie Sie den Dachraum nutzen wollen.

8a. Für Sie kommt auch ein Elektro-Durchlaufspeicher in Frage, bei dem Sie schon nach kurzer Aufheizzeit ausreichend Warmwasser entnehmen können.

9a. Gegenüber dem Handspülen sparen Sie bei dem maschinellen Spülen rund 100,– DM.

Wenn Sie bei Ihren Aussagen weniger von der gerätetechnischen Seite argumentieren, sondern stärker den damit verbundenen Kundennutzen betonen, können Sie womöglich auch verhindern, unnötig häufig spezielle Fachbegriffe zu verwenden, die für manchen Kunden unverständlich oder gar verwirrend sein können. Wissen Sie eigentlich, welche Fachausdrücke Sie manchmal ganz selbstverständlich und nebenbei so benutzen? Vielleicht erstellen Sie einmal zusammen mit Ihren Kolleginnen und Kollegen eine solche Liste und prüfen, ob Sie auf einige dieser Begriffe verzichten können oder sie gegebenenfalls durch geläufigere ersetzen können.

Horchen Sie doch mal gemeinsam mit uns in das folgende Beratungsgespräch hinein und achten Sie auf die vom Berater hier verwendeten Fachbegriffe und insgesamt auf die Art, wie der Berater hier den Kunden durch seine Sachinformation zu überzeugen versucht.

Kunde: Guten Tag, Sie hatten da neulich annonciert: „Die schnelle Welle mit Mikrowelle". Ich konnte leider nicht zu dem Vortragstermin kommen, nun wollte ich mal wissen, ob das denn wirklich was taugt und so gut ist, wie die Werbung verspricht.

(1) *Berater: Selbstverständlich können Sie auch einzeln beraten werden. Sie haben Glück, ich halte den Vortrag heute nachmittag vor einer Schulklasse, da habe ich hier in unserer Modellküche gerade alles aufgebaut, dort werd' ich Ihnen das Gerät einfach vorführen, Sie werden sehen, wie schnell Sie das überzeugen wird.*

Kunde: Das ist nett, daß Sie mir das vorführen wollen, aber wie so ein Ding funktioniert, habe ich neulich gesehen. Nur sagen die einem ja nicht alles. Die reden doch immer nur über die Vorteile und wie wahnsinnig gut so ein Gerät ist und so. Sie kennen das doch. Nun wollte ich eben mal von jemandem Unabhängigen erfahren, wie denn das in Wirklichkeit ist.

(2) *Berater: Dafür sind wir da. Nun, zunächst einmal mussen Sie beim reinen Mikrowellen-Gerät beachten, daß hier durch elektromagnetische Schwingungen, eben den Mikrowellen, das Gargut im Gerät erhitzt wird. Und wenn ich sage „erhitzen", dann heißt das, Sie können damit auftauen, erwärmen und garen. Gegenüber dem konventionellen Auftauen benötigen Sie beim Mikrowellen-Gerät vergleichsweise kurze Zeiten. Auch das Erwärmen von fertigen Speisen spart Zeit, was noch den Vorteil hat, daß temperatur- bzw. zeitbedingte Veränderungen im Lebensmittel, wie beispielsweise Vitaminverlust, auf ein Minimum reduziert werden. Ein Fer-*

tiggericht können Sie beispielsweise in ein bis zwei Minuten von Raumtemperatur auf Serviertemperatur erwärmen, bei so kurzer Zeit ist natürlich die Austrocknung gering und die Geschmacksveränderung minimal. Und beim Garen ist das Mikrowellen-Gerät prinzipiell für alle Lebensmittel geeignet. Sie können darin Kochen, Dämpfen oder Dünsten.

Kunde: *Naja, also das mit der Zeit ist für mich nicht so wichtig. Bislang bin ich mit meiner einen Stunde Mittagspause ganz gut ausgekommen. Über Gemüse haben die neulich auf der Veranstaltung wenig gesagt.*

③ **Berater:** *Na wunderbar! Gerade die Ernährungsbewußten haben erkannt, welche entscheidenden Vorteile im Mikrowellen-Gerät liegen. Gerade bei Gemüsen ist die rasche Erwärmung hinsichtlich weitgehender Geschmacks- und Vitaminerhaltung günstig. Die Zellwände werden kaum beschädigt und der Saft bleibt größtenteils im Gargut, das führt zu geringem Verlust an Mineralstoffen und Vitaminen. Nicht zu vergessen, daß die Wärme ja im Lebensmittel entsteht und ein Anbrennen der Lebensmitteloberfläche entfällt. Ernährungsphysiologische Vorteile, die gerade bei Gemüse ins Gewicht fallen.*

Kunde: *Ja, das finde ich wichtig, daß wieder mehr auf die Ernährung geachtet wird. Man hört doch immer wieder, daß die meisten Zivilisationskrankheiten ernährungsbedingt sind. Ich finde ja, daß jeder bei sich selbst anfangen sollte.*

④ **Berater:** *Sehen Sie! Wieviele aktive Menschen haben das erkannt und sich darum ganz bewußt für ein Mikrowellen-Gerät entschieden. Hier besteht die Möglichkeit, mit verhältnismäßig niedrigem Aufwand einen eigenen, positiven Beitrag für eine ernährungbewußte Lebensweise zu leisten.*

⑤ **Kunde:** *Da haben Sie eigentlich recht. Schönen Dank auch.*

Berater: *Bitte schön.*

Unser Kommentar zu diesem Gespräch

(1) Die Formulierung *„Sie haben Glück ...“* kann leicht altklug wirken; denn ob das wirklich das Glück des Kunden ist, kann nur dieser selbst entscheiden. Der Kunde hat mit keinem Wort davon gesprochen, daß er das Gerät gern vorgeführt bekommen möchte. Das *„Sie werden sehen, wie schnell Sie das überzeugen wird“* kann nur zu leicht eine Trotzreaktion provozieren; viele Menschen mögen es nicht, wenn ihnen nahegelegt wird, daß sie etwas überzeugen wird oder soll, daß ihnen also ihre Zustimmung mehr oder minder vorgeschrieben wird. Insgesamt geht die Äußerung nicht auf das Anliegen des Kunden ein.

(2) Die Formulierung *„Sie müssen beachten“* kann bei einer großen Zahl von Ratsuchenden ebenfalls zu einer Trotzreaktion führen im Sinne von: „Was ich beachten muß oder nicht, das ist bitteschön meine Sache!“ Die Erläuterung über elektromagnetische Schwingungen geht weit über das hinaus, was der Kunde durch seine Frage angeschnitten hat. Die Information ist fachlich korrekt, doch beantwortet dieser kleine „Kurzvortrag“ keineswegs die Frage dieses Kunden. Ohne Unterschied könnten diese Informationen auch der erwähnten Schulklasse gegeben werden. Der Kunde hat den Wunsch geäußert, von jemand Unabhängigem zu erfahren, ob ein Mikrowellen-Gerät wirklich nur Vorteile hat. Als Antwort erhält er eine Aufzählung aller Anwendungsmöglichkeiten und -eignungen.

(3) Bei oberflächlichem Lesen bzw. Hören dieses Gesprächs könnte man meinen, hier wird auf den Ratsuchenden wirklich eingegangen; doch hat die Formulierung *„na wunderbar!“* einen ausgesprochen suggestiven Unterton, der noch ergänzt wird durch die Formulierung *„Gerade die Ernährungsbewußten“*, denn davon hat der Kunde nichts geäußert. Es handelt sich hierbei um eine Argumentationstechnik, die in der Rhetorik als „Bandwaggon-Technik“ bezeichnet wird; dem Kunden wird suggeriert, auch er gehöre zu den „Ernährungsbewußten“ und stehe deswegen im Begriff, die entscheidenden Vorteile eines Mikrowellen-Gerätes zu erkennen. Außerdem wird dem Ratsuchenden eine mögliche Distanzierung erschwert, da der informierende Redeschwall sogleich fortgesetzt wird. Geradezu bombardiert wird der Kunde

mit dem Fachwissen dieser Beratungskraft, hört Wörter, die ganz sicher nicht zu seinem Alltagsvokabular zählen, wie: Vitaminerhaltung, Zellwände, Gargut, Mineralstoffe, Lebensmitteloberfläche und ernährungsphysiologische Vorteile. Insgesamt eine sehr informative Äußerung, jedoch keine eingehende Beantwortung des Kundenanliegens.

④ Erneut kommt die „Bandwaggon-Technik" zum Einsatz: Dem Kunden wird suggeriert, auch er gehöre zu den aktiven Menschen, weswegen er sich „bewußt für ein Mikrowellen-Gerät" entscheiden wird. Zum Schluß kommt noch der moralische Zeigefinger, wenn vom „positiven Beitrag für eine ernährungsbewußte Lebensweise" gesprochen wird.

⑤ Das unscheinbare Wörtchen „eigentlich" läßt erkennen, daß der Kunde nur einschränkend, also mit Vorbehalt zustimmt. „Eigentlich haben Sie recht" drückt weit weniger Zustimmung aus als „Sie haben recht!"

Vielleicht finden Sie, daß wir nun zu spitzfindig werden, daß wir jedes Wort auf die Goldwaage legen. Vielleicht haben Sie recht, doch wie erleben Sie die Antwort eines Gastes, wenn Sie nach dem Essen fragen: „Hat es Ihnen/Dir geschmeckt?" und die Antwort lautet: „Danke, eigentlich ja."

Offensichtlich ist es dem Berater nicht gelungen, mit allen seinen richtigen Aussagen den Kunden zu überzeugen. Sie hatten womöglich sogar den Eindruck, daß der Kunde immer stärker in eine Verteidigungsposition hineingeriet. Wenn Sie mit uns gemeinsam nun überlegen wollen, woran das im einzelnen liegt und welche Hinweise Sie beachten sollten, um wirklich zu überzeugen, müssen Sie unbedingt zunächst das folgende Experiment in Ihrem Bekanntenkreis durchführen und überlegen, welche Bedeutung ihm im Rahmen unserer Überlegungen zukommt. Lesen Sie bitte nur bis zum Ende der nächsten Seite, führen Sie das Experiment unbedingt durch und schlagen Sie erst danach die übernächste Seite in unserem Buch auf!

Experiment: Menschen verhalten sich im Grunde alle gleich!

Sie benötigen für dieses kleine Experiment mindestens 5 Teilnehmer. Erklären Sie einleitend, daß Sie mit Hilfe dieses Experimentes (Teilnahme ist natürlich freiwillig) alle davon überzeugen wollen, daß das Verhalten der Menschen im Grunde ähnlich ist, sich die Menschen also gar nicht so sehr voneinander unterscheiden, wie es auf den ersten Blick erscheinen mag. Bitten Sie zunächst, sich Stift und Papier zu besorgen und nun im folgenden genau Ihren Anweisungen zu folgen. Geben Sie den Hinweis, daß erst dann etwas notiert werden soll, wenn Sie es ausdrücklich sagen. Nun beginnen Sie eine Rechenaufgabe zu formulieren: „27 + 12, + 2, + 9, − 4, − 2, + 3, − 4", wobei Sie bei den letzten drei Rechenoperationen das Sprechtempo leicht erhöhen. Jetzt fordern Sie Ihre Zuhörer auf, sofort auf dem Papier zu notieren: ein Werkzeug, eine Farbe, ein Musikinstrument. Fragen Sie anschließend im Kreis herum, welches Werkzeug denn nun notiert wurde. Sie werden – wahrscheinlich zu Ihrem Erstaunen – hören, daß sehr viele in diesem Fall „Hammer" und entsprechend bei Farbe „rot" und bei Musikinstrument „Geige" notiert haben werden. Erklären Sie nun Ihren verdutzten Teilnehmern, daß dieses Experiment sehr anschaulich die eingangs von Ihnen aufgestellte These belegt, daß das menschliche Verhalten viel weniger als die meisten Menschen meinen, vom Verstand gesteuert ist und in viel stärkerem Maße von Gefühlen und fest verwurzelten Reaktionsweisen bestimmt wird. Sie mußten in diesem Experiment ja lediglich ein klein wenig Streß erzeugen und drei gezielte Fragen stellen und schon bekamen Sie überraschend gleichartige Antworten. Fragen Sie anschließend, wer nun nach dem Experiment mehr von Ihrer These überzeugt ist. Fragen Sie gegebenenfalls auch, warum nun trotz des erfolgreichen Experiments immer noch Einwände gegen Ihre These bestehen.

Nun, da Sie schon mal die nächste Seite aufgeschlagen haben, vermuten wir, daß Sie sich doch nicht an unsere Anweisung gehalten haben! Warum eigentlich nicht? Waren Sie zu neugierig und hielten Sie die etwas künstlich erzeugte Spannung nicht mehr aus? Oder lassen Sie sich nicht gern gängeln?

Wir vermuten, daß bei Ihnen eine Mischung aller drei Motive vorhanden ist, die dazu führt, daß Sie doch Ihren „eigenen Leseweg" beibehalten haben. „Ob ich weiterlese und ob und wie ich dieses sogenannte Experiment mache, entscheide ich selbst!", werden vielleicht sogar einige von Ihnen gedacht haben.

Dies wäre eine Trotzreaktion, mit der wir durchaus gerechnet haben. Wir selbst empfinden in Situationen, in denen uns ein Gesprächspartner nicht die Freiheit einräumt, uns selbst (für den richtigen Weg) zu entscheiden, häufig auch dieses Aufbegehren, das – ist es erst einmal vorhanden – auch mit den überzeugendsten Argumenten kaum noch aufzuweichen ist. Im Gegenteil! Wird der offensichtlich einzig richtige Weg durch weitere Informationen nun noch prägnanter herausgearbeitet (und unsere eigene Entscheidungsfreiheit damit objektiv weiter eingeengt), wäre es für uns nicht überraschend, wenn der Gesprächspartner um so deutlicher auf seiner „falschen" Meinung beharrt. Sie reden auf einen solchen Menschen dann mit den gleichen Engelszungen ein, wie es unsere Eltern mit uns allen früher (oder heute) immer mal wieder getan haben (oder noch tun).

Für Sie wird es in Ihren Beratungen deshalb darauf ankommen, daß Sie nicht den Eindruck vermitteln, oder gar wörtlich formulieren, daß Sie Ihre Gesprächspartner überzeugen wollen. Mit dieser deutlichen Überzeugungsabsicht sollten auch nicht „an sich" völlig neutrale Informationen vorgetragen werden, deren „Funktion" bemerkt und damit ins Gegenteil verkehrt wird.

So ist es übrigens uns selbst (nicht ganz unerwartet) mit dem beschriebenen Experiment ergangen, das wir im Rahmen eines Workshops auf der HEA-Herbsttagung 1987 durchführten. Die ca. 280 Teilnehmer(innen) notierten zum ganz überwiegenden Teil die vorausgesagten Worte „Hammer, rot, Geige" auf ihren Zetteln und waren durchaus von dem Ergebnis verblüfft. Dennoch waren nur ganz wenige durch dieses Experiment von der vorangestellten These zu überzeugen. Wir vermuten, daß dies auch an der sehr deutlichen Überzeugungsabsicht lag, die mit der Durchführung des Experiments verbunden war. Hätten wir dieses kleine Experiment ohne jedes Voranstellen einer These einfach nur durchgeführt und dann verdutzt in die Runde gesehen und uns selbst gefragt, wie denn solch ein „Ergebnis" zustandekommen kann, würden höchstwahrscheinlich aus dem Teilnehmerkreis jene „Schlußfolgerungen" formuliert worden sein, die wir in unserer ersten Variante selbst verkündeten. So ganz sicher sind wir uns allerdings damit selbst nicht. Vielleicht haben Sie ja nun doch noch ein wenig Lust bekommen, das beschriebene Experiment durchzuführen und auch einmal zu sehen, zu welchen „Deutungen" es Anlaß gibt.

Auch in einem überzeugenden Beratungsgespräch können Sie darauf achten, die Entscheidungsfreiheit des Kunden nicht einzuengen. Dabei könnten Sie Ihre Aufmerksamkeit zunächst auf Worte und Redewendungen wie diese lenken:

– … müssen Sie beachten …

– … kann man nur noch …

– … als umweltbewußter Mitbürger dürfen Sie …

– Sie werden sicher nicht …

– … hat keine Nachteile

Wichtiger noch als das Vermeiden solcher und anderer Redewendungen, die – wie wir sagen – „reaktanzverdächtig" sind, ist jedoch die grundsätzliche Einstellung, mit der Sie Ihren Sachverstand in das Beratungsgespräch einbringen. Sie werden dann am wenigsten Widerstand und Einwände erzeugen (und am überzeugendsten beraten), wenn Sie Ihre Informationen so anbieten, daß sich der Kunde selbst überzeugen kann und Sie ihm die Freiheit einräumen, selbst zu entscheiden.

Wir haben abschließend das Beratungsgespräch zur Mikrowelle noch einmal aufgenommen. Allerdings wird hier der Berater, der auf denselben Ratsuchenden trifft, ganz anders (zum Teil unter Berücksichtigung der hier ausgesprochenen Empfehlungen) vorgehen. Nachdem wir bisher ja schon unsere Kommentare zu den einzelnen Berater- und Kundenäußerungen vorgetragen haben, schlagen wir Ihnen jetzt zu Ihrer Übung einmal vor, zunächst selbst die Berater- und Kundenäußerungen zu kommentieren. Sie können Ihre Kommentare dann mit unseren, die Sie auf der nachfolgenden Seite finden, vergleichen.

> **Kunde:** *Guten Tag, Sie hatten da neulich annonciert: „Die schnelle Welle mit der Mikrowelle". Ich konnte leider nicht zu dem Vortragstermin kommen, nun wollte ich mal wissen, ob das denn wirklich was taugt und so gut ist, wie die Werbung verspricht.*

① **Berater:** *Wenn ich Sie richtig verstehe, möchten Sie einmal unabhängig beraten werden.*

Ihr Kommentar:_____

_____

_____

_____

_____

_____

_____

Kunde: Ja, ganz genau. Die Hersteller reden doch nur von den Vorteilen und wie wichtig und gut und schön so ein Gerät ist.

(2) *Berater:* Sie haben da Ihre Zweifel, ob man diesen Produktinformationen so rechten Glauben schenken darf, ob das nicht nur die halbe Wahrheit ist.

Ihr Kommentar: _____

_____

_____

Kunde: Eben! Ich denk', bei Ihnen krieg' ich 'ne ehrliche Antwort, weil Sie nicht mit den Herstellern unter einer Decke stecken. Stimmt doch, oder?

(3) *Berater:* Stimmt. Wir informieren Sie firmenunabhängig. Nun, ob ein Mikrowellen-Gerät für Sie das ist, was Sie sich davon versprechen, hängt von Ihrer Anwendung ab. Aber ehe wir über die Anwendung sprechen, sollte ich Ihnen zuvor den Aufbau und die Wirkungsweise des Gerätes erläutern.

Ihr Kommentar: _____

_____

_____

Kunde: Ach nee. Lassen Sie man, das interessiert mich weniger.

(4) *Berater:* Gut. Damit Sie nun herausfinden können, ob sich die Anschaffung eines Mikrowellen-Gerätes für Sie lohnt, können wir Ihre Ernährungsgewohnheiten mit den Möglichkeiten eines derartigen Gerätes vergleichen oder wir können auch Ihre Erwartungen an so ein Mikrowellen-Gerät sammeln und prüfen, ob sich die erfüllen lassen.

Im Kommentar: _____

_____

_____

Kunde: Mhm. Kunde denkt nach. *Vielleicht sag' ich Ihnen mal, wie ich sonst koche, und Sie sagen mir, ob das in so einem Gerät auch geht und zwar schneller und besser, also ich meine damit so vom Gesundheitlichen her, naja, auch geschmacklich und vom Aussehen irgendwie.*

⑤ *Berater: Einverstanden, ich hör' einfach mal zu.*

Ihr Kommentar: _____

_____

_____

_____

Kunde: Also, ich hab' nur eine kurze Mittagspause von einer Stunde, da esse ich normalerweise warm. Ich muß dazusagen, ich bin alleinstehend. Da ich einen kleinen Garten hab' und mir aus Fleisch nicht viel mache, gibt's bei mir fast jeden Tag Gemüse, zweimal die Woche Kartoffeln und sonst Reis, Nudeln, Grütze aus Hafer oder Gerste oder ich kauf' mir auch mal Fertiggerichte, die ich nur noch im Wasserbad oder Backofen aufzuwärmen brauche. Und im Winter hole ich mir das Gemüse aus der Kühltruhe, wenigstens so lang mein Vorrat reicht.

⑥ *Berater: Da Sie ja viel Gemüse essen, fange ich damit gleich einmal an. Einverstanden?*

Ihr Kommentar: _____

_____

_____

_____

_____

Kunde: *Gern.*

(7) **Berater:** *Gemüse, dabei zähle ich die Kartoffeln dazu, werden im Mikrowellen-Gerät sehr viel schneller gar, als beim herkömmlichen Kochverfahren. Sie haben nach der Qualität der Lebensmittel gefragt; da schneidet das Mikrowellen-Gerät besonders gut ab, was Geruch, Geschmack, Farbe und Beschaffenheit betrifft. Außerdem haben Sie nach dem gesundheitlichen Wert gefragt; der geringe Vitamin- und Mineralstoffverlust ist aus ernährungsphysiologischer Sicht ein deutlicher Pluspunkt. Wenn Sie möchten, kann ich nachher auf die Zubereitung von Gemüse noch einmal detaillierter eingehen.*

Ihr Kommentar: _____

_____

_____

_____

Kunde: *Danke, das ist sehr freundlich. Aber wenn's dann soweit ist, sollte ich wohl doch mal zu so einem Vortrag von Ihnen kommen.*

(8) **Berater:** *Nun war Ihnen außerdem wichtig, ob Sie die Speisen im Mikrowellen-Gerät schneller zubereiten können, als beim konventionellen Kochen. Bei der Zubereitung von Teigwaren und Getreidegerichten wie Reis und Grütze besteht die Garzeit ja im Aufnehmen von Wasser, was sich zeitlich nicht abkürzen läßt. Hier ist es bei Ihren Ernährungsgewohnheiten in erster Linie das Gemüse, dessen rasche Erwärmung günstig ist.*

Ihr Kommentar: _____

_____

_____

_____

_____

Kunde: *Aha, wußt' ich's doch, daß man eben nicht alles kann und so ein Gerät entschiedene Nachteile hat.*

⑨ **Berater:** *Nun, die Nachteile eines Gerätes hängen eng mit den Erwartungen zusammen, die man an ein Gerät hat.*

Ihr Kommentar: _____

_____

_____

_____

Kunde: *Mhm.* Kunde denkt nach. *Wenn ich Sie richtig verstehe, hängen die Vor- und Nachteile so eines Gerätes davon ab, was ich damit anfange. Das leuchtet mir ein, daß es dafür keine Einheitsgebrauchsvorschrift gibt. Ich will ja selbst entscheiden, was ich esse und wie ich das zubereitet wissen möchte.*

⑩ **Berater:** *Ganz genau! Ob sich die Anschaffung eines solchen Gerätes für Sie lohnt, hängt davon ab, ob Ihnen das, was das Gerät bietet, reicht.*

Ihr Kommentar: _____

_____

_____

_____

Kunde: nachdenklich. *Jaja, also nicht die Mikrowelle an sich ist gut, sondern ich entscheide, ob sie für mich gut ist, also meinen Ansprüchen genügt. Aja. Und dafür muß ich mir genau überlegen, was ich will, was durch so ein Gerät für mich anders wird, ja vielleicht besser wird und ob mir das die Anschaffung wert ist.*

⑪ **Berater:** *Wenn Sie möchten, können Sie dafür unsere Beratung gern in Anspruch nehmen.*

Ihr Kommentar: _____

_____

_____

_____

Kunde: *Danke, das ist sehr liebenswürdig.*

Unser Kommentar

Nachdem Sie dieses zweite Gespräch für sich selbst kommentiert haben, wollen Sie vielleicht Ihre Anmerkungen mit unseren Kommentaren vergleichen.

① Im ersten Kapitel haben wir eine derartige Antwort „umschreibendes Zuhören" genannt. Wobei die Beratungskraft darüber hinaus die Formulierung *„unabhängig beraten"* verwendet und so dazu beiträgt, die Äußerung des Kunden zu klären.

② Diese Antwort geht über das „umschreibende Zuhören" hinaus; wir haben im ersten Kapitel von „aktivem Zuhören" gesprochen, wenn gewissermaßen zwischen den Zeilen gelesen wird. Der Kunde drückt seine Vorbehalte gegenüber den Hersteller-Informationen aus und diese werden ihm weder bestätigt noch abgesprochen, sie werden zunächst einfach einmal seitens der Beratungskraft zur Kenntnis genommen.

③ Eine ganz und gar auf den Kunden orientierte Äußerung, die die Argumentation über mögliche Vorteile mit den Anwendungsvorstellungen des Kunden koppelt. Darüber hinaus erfährt der Kunde ein Informationsangebot über Aufbau und Wirkungsweise des Gerätes.

④ Diese Formulierung scheint uns besonders gelungen: Dem Kunden wird angeboten, selbst etwas herauszufinden und dafür werden ihm zwei Wege zur Wahl gelassen. Gemeinsam mit der Beratungskraft kann er seine Ernährungsgewohnheiten mit den Möglichkeiten des Gerätes vergleichen oder auch seine Erwartungen auflisten und prüfen, wieweit sich diese einlösen lassen.

⑤ Hier überläßt die Beratungskraft dem Kunden das „Redefeld", sie übernimmt wörtlich die Rolle des Zuhörers.

⑥ Das methodische Vorgehen wird dem Kunden erläutert und er wird um sein Einverständnis gebeten. Zur Gesprächsatmosphäre trägt dieses Vorgehen positiv bei.

⑦ Die vom Kunden erfragten Informationen werden jetzt am Stück gegeben, dabei achtet die Beratungskraft betont darauf, stets in ihren Formulierungen sich auf die Äußerungen des Kunden zu beziehen. Kritisch möchten wir jedoch anmerken, daß uns auch hier die Wortwahl wenig kundentypisch erscheint. Der Normalkunde spricht eben nicht von „Kochverfahren" und hat auch keine „ernährungsphysiologische Sicht" was den „Mineralstoff- und Vitaminverlust" betrifft.

⑧ Hier fällt unser Kommentar genauso aus wie in ⑦.

⑨ Geschickt erscheint uns diese Formulierung. Die vom Kunden erwähnten, ja gesuchten Nachteile werden nicht einer klassischen Einwandbehandlung unterzogen, sondern in einen größeren Zusammenhang gestellt und dem Kunden bewußt zugestanden; mit anderen Worten: Nachteile hängen mit Erwartungen zusammen und über diese kann ausschließlich der Kunde selbst entscheiden.

⑩ Hier wird der Gedanke fortgesetzt und für den Kunden noch einmal geklärt. Dieser wird geradezu aufgefordert, sich seiner Wünsche und Erwartungen – wir sprechen auch von Bedürfnissen – bezüglich eines Mikrowellen-Gerätes bewußt zu werden.

⑪ Offenes Angebot zu konkreter Beratungsfortsetzung.

Auffallend wie die Beratungskraft in diesem Gespräch häufiger und kürzer spricht, eine ausgeglichenere Sprechzeit zwischen Kunde und Beratungskraft besteht.

WENN SIE DEN UMGANG MIT EINWÄNDEN BEHERRSCHEN

„In einem Übungsbuch zur Beratung, das in seinem Untertitel auch noch auf die kundenorientierte Gesprächsführung hinweist, habenTips zur Einwandbehandlung, wie man sie in jeder besseren Verkäuferschulung vorträgt, nichts zu suchen!"

So ungefähr drückte sich ein Freund von uns aus, mit dem wir die Grobgliederung dieses Buches diskutieren wollten. Ihm verdanken wir nun den Einstieg in dieses Kapitel und die Auseinandersetzungs-notwendigkeit mit einem (massiven) Einwand gegen ein aus unserer Sicht notwendiges Kapital. Offensichtlich müssen wir uns genauso wie Sie ab und zu auch dann mit Einwänden auseinandersetzen, wenn wir keine Versicherungen oder ähnliches verkaufen wollen. Dieser schlagfertige „Konter" fiel uns in dem erwähnten Gespräch leider oder besser gesagt Gott sei Dank nicht ein. „Leider", weil wir mit dieser Aussage deutlich im Recht sind und es manchmal eben Spaß macht, richtig zu „kontern". Und „Gott sei Dank", weil diese Formulierung von unserem Freund lediglich als „Rechtfertigung" verstanden worden wäre, die ihn noch dazu etwas „dummerhaft" aussehen ließe.

Überhaupt wollen wir – schon um nicht den falschen Eindruck zu erwecken, wir würden all das in diesem Buch Gesagte selbst in jeder Situation „richtig" anwenden (wollen, können) – jetzt nicht unser Gespräch hier wiedergeben und analysieren, sondern Sie einfach fragen, wie Sie denn auf einen solchen Einwand eingehen würden. Notieren Sie doch einmal Ihre sprachliche Reaktion auf solch einen Einwand:

Für uns wäre es sehr interesant, Ihre Reaktion auf diesen Einwand jetzt lesen zu können, auch um zu schauen, ob Ihnen noch anderes als uns eingefallen ist. Da dies nun nicht geht, möchten wir Ihnen kurz die wichtigsten Einwandbehandlungsmethoden an diesem Beispiel vorstellen und Sie bitten, sich beim Lesen in unseren Gesprächspartner hineinzuversetzen und die mögliche Wirkung auf ihn zu „erahnen".

– Einwand zur Frage umformulieren:

„Für uns stellt sich demnach die Frage, ob das Thema Einwandbehandlung in ein Übungsbuch zur Beratung überhaupt hineingehört."

(Der negative Gehalt eines Einwandes kann durch die Umformulierung zu einer Frage neutralisiert werden.)

– Plus-Minus-Methode:

„Dies sieht auf den ersten Blick wirklich merkwürdig aus! Wer jedoch das Kapitel liest, wird verstehen, daß wir nicht bei den normalen Einwandbehandlungstechniken stehenbleiben."

(Nachteile werden akzeptiert, die jedoch weniger ins Gewicht fallen als die ebenfalls betonten Vorteile.)

– Umkehrmethode:

„Genau das ist ein Vorteil, wenn hier einige Leserinnen und Leser bekannte Elemente aus Rhetorik- und Verkaufsschulungen wiederfinden und andere ein wenig irritiert sein werden, was ja ebenfalls die ‚Lesespannung' erhöhen kann."

(Die ‚Sache' des Einwandes wird akzeptiert, jedoch geradezu in einen Vorteil umgemünzt.)

– Einwand zurückstellen:

„Wir würden uns gern zunächst mit Dir über die ersten beiden Gliederungspunkte unterhalten. Danach sollten wir uns dann dem von Dir angesprochenen Aspekt zuwenden."

(Man kann gegebenenfalls ein wenig Zeit gewinnen und – für ganz ‚Schlitzohrige' – den Einwand aus Zeitgründen unter den Tisch fallenlassen.)

– Bestätigungstechnik „ja -aber":

„Du sprichst genau ein Problem an, mit dem wir uns auch schon herumgeschlagen haben, nur finden wir keine Lösung, die einen solchen ersten Eindruck – um nicht zu sagen Einwand – entkräften könnte."
(Zunächst einmal wird die Sachaussage bestätigt, um sie anschließend zu relativieren. Dabei kann auf das ‚aber', auf das Sie möglicherweise schon gewartet haben, gegebenenfalls verzichtet werden.)

Wahrscheinlich werden die einzelnen Varianten der „Einwandbehandlung" sehr unterschiedlich auf unseren Gesprächspartner wirken. Einige können sehr leicht zum Widerspruch ermuntern, andere sind womöglich „unehrlich" und dienen als bloßes Mittel zum Zweck. Aber zu welchem Zweck eigentlich? Ist es denn von vornherein Ihr Ziel, auf Einwände Ihrer Kunden so (d. h. taktisch, unter Verwendung bestimmter „Techniken") zu reagieren, daß Sie Recht behalten oder „siegen"? Wichtiger sollte es in der Beratung sein, daß sich Kunden selbst überzeugen, ganz in dem Sinne, wie wir es im vorangegangenen Kapitel angesprochen haben. Überhaupt – und das bemerken Sie ja längst beim Lesen – haben wir mit den klassischen „Einwandbehandlungtechniken" nicht viel im Sinn. Das beginnt schon mit dem Wort selbst, das sofort so tut, als ob es unser Ziel sein muß, Einwände zu entkräften, ins Leere laufen zu lassen. Als geschulte „Einwandbehandler" vergessen wir dabei womöglich, daß es für Überzeugungsprozesse gar nicht so wichtig ist, ob ein Einwand „objektiv" berechtigt ist oder nicht und versäumen, den „subjektiven Charakter" vieler Einwände ernst genug zu nehmen. Wir vermuten deshalb, daß ein rhetorisch geschultes „Behandeln" von Einwänden eine Haltung dem Kunden gegenüber erzeugt, in der sich der Kunde häufig nicht ernst genommen, sondern lediglich „behandelt" erleben wird. Wenn wir also insgesamt von dem besonderen Nutzen dieser Techniken nicht sehr überzeugt sind, so erlauben sie Ihnen und uns allerdings, Formulierungen zu vermeiden, die man geradezu als „Gesprächsstörer" bezeichnen könnte („Das sehen Sie falsch", „Sie haben Unrecht", „Da bin ich ganz anderer Meinung" usw.). Welche grundsätzlichen Möglichkeiten des Umgangs mit Kunden existieren, die Einwände gegenüber Ihren Beratungsaussagen vorzutragen haben, wollen wir uns in einem weiteren Beratungsgespräch „ansehen".

① **Kunde:** *Guten Tag. Ich würd' gern etwas über Geschirrspülmaschinen wissen.*

Beraterin: *Ja, kommen Sie mal mit, ich will Ihnen das an unseren Demonstrationsmaschinen erläutern. Geschirrspülmaschinen werden ja gewöhnlich in die Küche eingegliedert, für eine funktional richtige und optisch ansprechende Einordnung wird für gewöhnlich links von der Spüle, – also bezogen auf Rechtshänder – ein Standgerät aufgestellt, so wie dieses hier,* Beraterin deutet auf ein Gerät *oder ein Unterbaugerät in die Küchenzeile eingepaßt, wobei bei beiden Geräten die Fronten den übrigen Küchenmöbeln optisch angepaßt werden können.* Beraterin deutet auf Modell hin. *Das Unterbaugerät muß natürlich nicht auf dem Fußboden stehen, integrierbare Unterbaugeräte sind so gestaltet, daß sie hochgebaut werden können, ein Bücken beim Einräumen des unteren Geschirrkorbes also entfällt.*

② **Kunde:** *Ja, aber soviel Platz haben wir gar nicht. Also neben der Spüle steht der Kühlschrank, dann kommt der Herd und danach die Eßecke.*

Beraterin: *Wie breit ist denn Ihre Spüle?*

③ **Kunde:** *Also genau weiß ich das nicht, etwa so,* zeigt einen Meter, *also die hat ein schmales und ein normales Becken und rechts davon eine Ablage.*

Beraterin: *Gerade in der Altbaumodernisierung hat sich das Spülzentrum als besonders geeignet erwiesen. Hierbei befindet sich unter der Spülenabdeckung, also der Ablage, eine unterbaufähige Geschirrspülmaschine und links bzw. rechts davon noch ein Spülenunterschrank. Leider haben wir das gerade nicht da, aber das gibt es in den Abmessungen von einem Meter und ein Meter zehn.*

④ **Kunde:** *Aha. – Aber sagen Sie, eine Spülmaschine verbraucht doch sehr viel Wasser …*

Beraterin: *Da muß ich Ihnen widersprechen. Gerade das Abwaschen von Hand kommt einer Wasservergeudung nahe, wie häufig wird unter fließend Wasser abgewaschen, ohne daß ein Stöpsel eingesteckt wird; aber auch bei sparsamem Wasserverbrauch benötigt man etwa 20 l pro Abwaschgang und in der Regel wird dreimal täglich abgewaschen, macht 60 Liter Wasser. Dagegen wird eine Spülmaschine maximal einmal täglich eingesetzt, aufgrund*

ihres Fassungsvermögens wird heute für gewöhnlich viermal pro Woche die Maschine in Gang gesetzt, dabei liegt der Wasserverbrauch bei maximal 32 Litern pro Spülprogramm, je nach Programmwahl kann der Verbrauch aber auch nur 17 Liter betragen. Wenn man das aufs Jahr hochrechnet, verbraucht eine Spülmaschine mindestens 10.000 Liter Wasser im Jahr weniger.

⑤ **Kunde:** *Aber da kommt doch noch der Strom dazu.*

Beraterin: *Das wird häufig auch falsch gesehen. Natürlich verbraucht eine Geschirrspülmaschine Strom, aber das Aufheizen von dreimal 20 Litern Wasser für manuelles Abwaschen verbraucht ja auch Strom und das sind in etwa 3 Kilowattstunden; hingegen werden bei der Spülmaschine maximal zwei Kilowattstunden verbraucht, und das für gewöhnlich nur viermal in der Woche. Wenn man auch dies aufs Jahr hochrechnet, verbraucht eine Spülmaschine mindestens 600 Kilowattstunden im Jahr weniger.*

⑥ **Kunde:** *Ach, so ist das. Mhm. – Aber wie sieht's mit dem Geschirr aus? Maschinelles Spülen stellt doch ganz andere Anforderungen an das Geschirr. Da muß ich womöglich alles neu kaufen.*

Beraterin: *Das hängt in erster Linie von der Art des Dekors ab, natürlich auch von der Keramikart, also Ton beispielsweise ist ja sehr porös und ausgesprochen stoß- und schlagempfindlich. Was haben Sie denn für Geschirr?*

⑦ **Kunde:** *Ja, also Porzellan, normale weiße Teller und das Kaffeegeschirr, das nehmen wir allerdings auch morgens, ist mit so blauem Muster, wie heißt das noch? Ich glaub', Zwiebel- oder so.*

Beraterin: *Aja, das ist ein spülmaschinenfestes Service. Dabei handelt es sich um Unterglasurdekor, die blaue Farbe für das Zwiebelmuster ist vor dem Glattbrand aufgetragen worden und darum uneingeschränkt widerstandsfähig.*

⑧ **Kunde:** *Und wie ist das mit Besteck? Also ich hab' mal gehört, daß man Silberbesteck lieber nicht in die Spülmaschine geben soll.*

Beraterin: *Auch das ist ein verbreiteter Irrtum. Silberbesteck, egal ob Sterling-Silber oder hartversilbert, ist absolut spülmaschinenfest.*

⑨ **Kunde:** *Aber da gibt es doch so Verfärbungen, gerade an den Gabelzinken.*

Beraterin: *Das ist zwar richtig, kommt aber nicht von der Spülmaschine. Es handelt sich dabei um Sulfid-Schwefel, der in der Luft enthalten ist, aber auch in vielen Materialien und besonders in Speiseresten, wenn sich diese zersetzen. Sie wissen ja auch, daß man Eier wegen ihres Schwefelgehalts im Eiweiß nicht mit Silberlöffeln ißt. Um Verfärbungen am Silberbesteck zu vermeiden, sollte dieses immer von Speiseresten gesäubert werden, wenn es nicht sofort gespült wird; dies gilt für die Spülmaschine ebenso, wie für das Abspülen von Hand, wenn man beispielsweise das Abendgeschirr über Nacht stehen lassen will.*

⑩ **Kunde:** *Und wie ist das bei Glas, muß man da nicht besonders vorsichtig sein?*

Beraterin: Glas ist ausgesprochen widerstandsfähig und kann grundsätzlich in der Maschine gespült werden. Unter Umständen können jedoch Veränderungen auftreten, die sich als Trübungen und Flecken zeigen. Dieser sogenannte Glasangriff ist unabhängig von der Qualität des Glases. Die Ursache für diese Veränderung wird noch erforscht.

⑪ *Kunde:* Naja, also da wäre mir unser altes Glas zu schade zu, also muß man doch von Hand spülen, nicht wahr. Also, – mhm. Ich werd' das mal mit meiner Frau bereden und gegebenenfalls noch mal wiederkommen. Schönen Dank für die Beratung.

Sie haben im vorhergehenden Kapitel gesehen, wie wir ein Beratungsgespräch kommentieren und haben in einem weiteren Beispiel Ihre eigenen Anmerkungen mit unseren Kommentaren verglichen. Beim vorangegangenen Gespräch nutzen Sie vielleicht die Gelegenheit, zunächst selbst die einzelnen Äußerungen zu beurteilen, ehe Sie unsere Erläuterungen dazu lesen und vergleichen.

Ihr Kommentar

① _____

_____

_____

② _____

_____

_____

_____

_____

_____

_____

_____

_____

Unser Kommentar

① Der Kunde sagt, daß er *„etwas"* wissen möchte und wird prompt aufgefordert, mit zu den Demonstrationsmaschinen zu gehen. Diese ganze Äußerung wirkt wie ein auswendig gelerntes Stück aus einem Produkt-Vortrag. Als Information sicherlich richtig, zu diesem Zeitpunkt bei diesem Kunden alles andere als angemessen.

② Das *„Ja, aber ..."* des Kunden in ② hat die Beraterin nicht hellhörig gemacht, sie fragt sich nicht, was der Kunde überhaupt will. Nein, sie hat das Gespräch fest in der Hand und fragt bereits Einbaumaße ab.

③ Welch eine Unterstellung! *„Altbaumodernisierung"* ist eine platte Vermutung und kann, wenn dies nicht der Fall ist, beim Kunden heftige Abwehr verursachen.
Es folgt die Fortsetzung des Produkt-Vortrags über verschiedene Spülzentren.

④ Der zweite Einwand des Kunden, durch das *„Aber"* nicht zu überhören, wendet das Gespräch auf Wasserverbrauch. Die vielleicht höflich gemeinte Formulierung *„Ich muß Ihnen widersprechen"* heißt jedoch im Klartext: *„Sie haben unrecht!"* Die folgende Argumentation arbeitet mit dem moralischen Zeigefinger: Handabwasch = Wasservergeudung.

⑤ Die Beraterin wird durch den 3. *„Aber"*-Einwand des Kunden auf den Stromverbrauch gelenkt und kontert genauso ungeschickt wie in ④ mit: *„Das wird häufig falsch gesehen"*, was unserer Meinung nach vom Kunden nur so aufgefaßt werden kann: *„Sie sehen das ganz falsch!"* Wie in ④ argumentiert die Beraterin mit Verbrauchszahlen, was im Gespräch – also ohne Unterlagen – nur zu leicht wie Zahlenhexerei wirken kann.

⑥ Prompt hat sich die Beraterin mit einem neuen Einwand auseinanderzusetzen. Zunächst bleibt ihre Äußerung sehr allgemein: *„Dekor"* und *„Keramikart"*, um dann durch eine gezielte Frage das Gespräch wieder in die Hand zu nehmen.

⑦ Hier fragen wir uns, wieviele Kunden wohl wissen, was „Unterglasurdekor" und „Glattbrand" ist. In der Rhetorik nennt man diese Art der Einwandbehandlung: „Den Gegner durch Fachwörter mundtot machen".

⑧ Der mittlerweile sechste Einwand des Kunden wird so erwidert, daß dieser geradezu dumm dasteht: *„Ein verbreiteter Irrtum"* heißt im Klartext: *„Es macht nichts, daß Sie keine Ahnung haben, zum Glück bin ich ja noch da ..."*

⑨ Der siebte Einwand wird entsprechend entkräftet. Der Kunde erhält eine Nachhilfestunde in Haushalts-Chemie.

⑩ Auch bei der Behandlung von Einwand acht erweist sich die Beraterin als uneingeschränkt argumentationssicher und bestens informiert, doch geht auch diese Äußerung am Kunden gänzlich vorbei.

Wir meinen, daß inhaltlich jede Äußerung korrekt war, daß die Beraterin grundsätzlich sachlich geblieben ist und sich wirklich bemüht hat, auf jeden Einwand des Kunden mit entsprechenden Argumenten einzugehen.

Was uns jedoch vollständig gefehlt hat, ist ein Beraterverhalten, das wir im ersten Kapitel „aktives Zuhören" genannt haben, ein zwischen-den-Zeilen-lesen, was dieser Kunde im Grunde seines Herzens für ein Anliegen hat, worauf seine Einwände zielen und was er von der Beraterin letztlich erwartet.

Aber wie beraten wir nun einen Kunden ganz konkret, der zunächst eine kritische Distanz zu unseren (objektiv richtigen) Beratungsaussagen einnimmt und eine Reihe von Einwänden vorzutragen hat? Wir unterscheiden in diesem Zusammenhang grundsätzlich zwischen den eher vordergründigen und direktiven und den eher nicht-direktiven Techniken der Gesprächsführung. Vielleicht hilft ein Meinungsstreit zwischen uns Autoren, die Vor- und Nachteile dieser Techniken deutlicher zu sehen.

Streitgespräch

Weisbach: *Ich frag' mich vor allen Dingen immer wieder, wie die von Dir so hochgeschätzten eher direktiven Techniken auf den Gesprächspartner wirken.*

Schoenheit: *Diese Frage ist wichtig! Ebenso wichtig wie die Tatsache, daß in fast allen modernen Beratungs- und vor allen Dingen Verkaufstrainings fast nur noch mit diesen Techniken gearbeitet wird. In den USA wird im Grunde nur noch so gearbeitet!*

Weisbach: *USA ...*

Schoenheit: *Ja, und bei uns hat sogar der Bund der Werbefachleute sich in dieser Frage ganz eindeutig geäußert. Die haben ja bekanntlich ein renommiertes Forschungsinstitut mit einer Langzeituntersuchung beauftragt, die ganz eindeutig die Überlegenheit der direktiven Techniken belegt hat.*

Weisbach: *Hhm, ...*

Schoenheit: *Anders betrachtet! Dir geht es doch um einen klaren, sichtbaren und vor allen Dingen nachprüfbaren Erfolg bestimmter Techniken. Dies ist – wie Du an anderer Stelle ja häufig schon betont hast – natürlich bei den direktiven Techniken viel eher möglich. Und – jetzt mal unter uns gesagt – in unseren Verhaltenstrainings gibt's bei diesen Techniken viel weniger Konflikte. Denn sie setzen bekanntlich bei dem an, was die meisten Teilnehmer mitbringen, die dann auch so richtig mitziehen und mitmachen und darum geht es Dir letztlich doch!*

Weisbach: *Schon. Wenn Teilnehmer richtig mitziehen, ist das ein gutes Gefühl. Ich überlege nur manchmal, warum es ihnen so leichtfällt, die direkten Techniken zu erlernen und umzusetzen.*

Schoenheit: *Genau! Du willst den Teilnehmern doch etwas vermitteln! Du willst, daß sie von einem Training etwas mit nach Hause nehmen, mit dem sie wirklich etwas anfangen können. Und Du weißt, daß sie dann besonders gut lernen, wenn sie aktiv mitmachen und deshalb bist auch Du im Grunde für die direktiven Techniken, die genau dies erlauben.*

Weisbach: *Ja, ja, schon. ..Zumindest in dem Sinne wie Du es formuliert hast.*

Schoenheit: *Christian, bitte! Jetzt sage nicht, daß Du an Deinem anderen Ansatz länger festhalten willst, wo Du mir im Grunde in allen wichtigen Punkten bereits zugestimmt hast. Um es ganz klar zu sagen: ein solches Schwanken würde die Zusammenarbeit zwischen uns wirklich nicht erleichtern.*

Weisbach: *Deine Argumente treffen höchstwahrscheinlich alle zu. Dennoch merke ich in mir, wie gerade meine Bereitschaft abnimmt, sie zu übernehmen. Es reizt mich geradezu, an meinem Konzept festzuhalten.*

Schoenheit: *Es tut mir leid, Christian. Aber das kommt mir jetzt wie der reine Starrsinn vor! Du bist offensichtlich unfähig, überzeugend vorgetragene Argumente zu akzeptieren. Überleg' doch mal bitte, woher das kommt!*

Weisbach: *Bin schon dabei und führe mir gerade Situationen vor Augen, in denen ich ein ähnliches Gefühl entwickelt habe. – Eltern, Lehrer, … Situationen, in denen andere immer wußten, was für mich gut und richtig ist.*

Schoenheit: *Du meinst, daß ich mit meinen direktiven Überzeugungsstrategien bei Dir Erinnerungen an längst vergessene Schul- und Prüfungssituationen wachrufe, in denen wir übrigens alle ja schon mal gesteckt haben.*

Weisbach: *Eben!*

Schoenheit: *Hhm …*

In diesem Streitgespräch setzt Schoenheit ganz auf die sogenannten direktiven Überzeugungstechniken:

– **scheinbares Eingehen auf den Gesprächspartner**
  „Diese Frage ist wichtig."

– **Referenz- oder Bandwaggon-Methode**
  „... in den USA ...; ... renommiertes Forschungsinstitut ..."

– **suggestive Nutzenargumentation**
  „Dir geht es doch ..."

– **suggestive „Ja-Straße"**
  „Du willst, daß den Teilnehmern ..."

– **Drohen**
  „...Zusammenarbeit gefährdet..."

– **Vorwürfe machen**
  „...der reine Starrsinn."

Dagegen hält sich Weisbach in diesem Gespräch insgesamt stark zurück und zeigt eher eine Gesprächshaltung, die man bei einem Berater fast als „nicht-direktiv" bezeichnen könnte:

– **offene, weiterführende Frage**
  „Ich frag' mich..."

– **zuhören**
  „USA...; Hhm..."

– **weiterführende Zusammenfassung**
  „...warum es ihnen so leicht fällt..."

– **Ansprechen des eigenen Gefühls**
  „Es reizt mich..."

– **weiterführende Deutung**
  „...führe mir gerade vor Augen..."

– **Verstärkung**
  „Eben!"

Nun sind diese von Weisbach in diesem Streitgespräch gefundenen Formulierungen sicher kein Patentrezept, wie Sie mit Kunden zu sprechen haben, die Einwände oder Zweifel an bestimmten Sachaussagen oder Problemlösungen ausdrücken. Sie zeigen allerdings, daß nicht die Zahl der Worte oder die Bestimmtheit, mit der sie ausgesprochen werden, für Überzeugungsprozesse von Bedeutung sind, sondern die Fähigkeit, das beim Gesprächspartner „zwischen den Zeilen" mitschwingende Gefühl oder seine Denkweise „herauszuhören" und ohne eigene (vor allem negative) Bewertung zu thematisieren.

> *Sollen Ihre eigenen Aussagen in solch komplizierten Gesprächen nicht zu neuen Einwänden führen (und in diesem Sinne „einwandfrei" sein), müssen sie eher den Charakter von Anregungen und Impulsen erhalten, die Sie sehr gut auch durch Formulierungen, wie „Mir geht gerade durch den Kopf, daß ...; Ich denke gerade darüber nach, ob ..." einleiten können.*

Wie eine solche Gesprächshaltung in der Beratung aussehen könnte, wollen wir in dem nachfolgenden abschließenden Gespräch verdeutlichen, in dem nochmals derselbe kritische Kunde seine „Vorurteile" über Geschirrspülmaschinen präsentieren wird.

(1) **Kunde:** *Guten Tag. Ich würd' gern etwas über Geschirrspülmaschinen wissen.*

Beraterin: *Ja gern. Suchen Sie bestimmte Informationen über Geschirrspülmaschinen?*

(2) **Kunde:** *Naja, also eigentlich alles.*

Beraterin: *Alles.*

(3) **Kunde:** *Es ist nämlich so, daß meine zwei Kinder auf die verrückte Idee gekommen sind, sich zu Weihnachten eine Spülmaschine zu wünschen. Ich bin ja eigentlich dagegen. Ich hab' als Kind auch abgewaschen und es hat mir nichts geschadet. Aber ehe ich kategorisch nein sage, wollte ich mich wenigstens einmal informieren.*

Beraterin: *Die Anschaffung einer Spülmaschine scheint Ihnen im Moment ganz abwegig und Sie sind eher skeptisch.*

④ **Kunde:** *Schon. – Für mich spricht irgendwie alles gegen so eine Maschine. Anschaffungskosten, Strom- und Wasserverbrauch und was nicht noch alles, wahrscheinlich braucht man noch anderes Geschirr und Besteck, also ich weiß nicht.*

Beraterin: *Sie denken im Moment an all das, was da auf Sie zukommen könnte und das läßt Sie zurückschrecken.*

⑤ **Kunde:** *Na das ist ja auch 'ne ganze Menge Negatives, oder?*

Beraterin: *Wahrscheinlich wird Ihnen die Frage, was für so eine Maschine spricht, ganz unnütz erscheinen.*

⑥ **Kunde:** *Oh, das weiß ich schon, da habe ich den Ton meiner Kinder noch im Ohr, daß die Küchenarbeit bequemer wird. Als wenn Abwaschen so eine Zumutung wäre. Ja, und daß man Zeit spart. Als ob Abwaschen und Abtrocknen soviel Zeit in Anspruch nimmt. Ich hab' das doch früher auch gemacht, das ist doch nun wirklich nicht alle Welt.*

Beraterin: *Ich weiß nicht, mit wieviel Minuten Sie das veranschlagen?*

⑦ **Kunde:** *Naja, was wird das sein? Sagen wir mal zwanzig Minuten rund, mehr aber auf gar keinen Fall.*

Beraterin: *Mhm, das sind bei dreimal Abwaschen täglich etwa 60 Minuten, also rund eine Stunde.*

⑧ **Kunde:** *Nun ja. Ehem. Immerhin eine Stunde, das ist doch 'ne ganze Menge. Aber so eine Spülmaschine muß ja auch ein- und ausgeräumt werden, das nimmt ja wohl auch Zeit in Anspruch.*

Beraterin: *Ganz recht, also man rechnet bei einem 4-Personen-Haushalt mit 124 Geschirrteilen täglich, soviel paßt auch in eine normalgroße Maschine, für Aus- und Einräumen zusammen reichen 15 Minuten aus. Fallen nun weniger Teile an, dann kann es*

durchaus günstig sein, nur etwa jeden zweiten Tag zu spülen. Das
richtet sich nach dem Geschirranfall.

⑨ **Kunde:** denkt nach *Immerhin ein Unterschied von 45 Minuten*
täglich. Dabei fallen bei uns bestimmt keine 100 Teile an, also
wenn ich so überschlage, sonntags mache ich ja meistens in der
Küche mit, also ich brauche für den Mittagstisch zwanzig Minuten
und das sind, mal zusammenzählen: 4 Teller, 4 Gläser, 4 mal Mes-
ser und Gabeln und Löffel, 4 Nachtischtellerchen und 4 Suppen-
tassen macht zusammen ja was sag ich, 7 mal 4, knapp 30 Sachen.

Beraterin: *Naja, da kommen noch Töpfe, Kochlöffel, Sieb, Vor-*
legebesteck und Schüsseln dazu.

⑩ **Kunde:** *Na gut, also etwa 50 Sachen. Doch stimmt, Sie haben*
recht.

Beraterin: *Bei den 45 Minuten Unterschied waren Sie eben ganz*
erstaunt.

⑪ **Kunde:** *Ja stimmt, daß es soviel ausmacht, hätte ich nicht gedacht.*

Beraterin: *Ich weiß nicht, ob man das hochrechnen darf, aber eine*
Stunde Abwaschen und Abtrocknen von Hand macht im Jahr
rund 365 Stunden, wenn keine Feste dazukommen und man nicht
außerhalb ißt. Aber der Einfachheit halber rechne ich mal 365
Stunden durch 24, macht etwa 15 Tage im Jahr, die mit manuellem
Abwaschen und Abtrocknen zugebracht werden.

⑫ **Kunde:** *Hui! Das ist ja mein halber Urlaub!*

Beraterin: *Plötzlich erscheint Ihnen das ganz schön viel.*

⑬ **Kunde:** *Sagen Sie, können wir auch noch mal über die Kosten*
sprechen, Strom, Wasser und so, also was da auf mich zukommt.

Beraterin: *Gern.*

Um die Möglichkeiten dieses Übungsbuchs zu nutzen, werden Sie
vielleicht nach der Lektüre dieser Gesprächsfassung zunächst pro-

bieren, diese Berateräußerungen selbst zu kommentieren, ehe Sie zum Vergleich lesen, welche Anmerkungen uns zu den einzelnen Äußerungen eingefallen sind.

Ihr Kommentar

Unser Kommentar

① Die allgemeine Kundenäußerung wird durch „Nachfragen" konkretisiert.

② Diese Art des Zuhörens, ein einziges Wort des Kunden wörtlich wiederzugeben, stellt eine vertrauensbildende Maßnahme dar; dem Kunden wird vermittelt, daß nicht nur zugehört wird, sondern darüber hinaus zugestanden wird, sein Anliegen unpräzis vorzutragen und daß er schon selbst auf das kommen wird, was ihm wichtig ist.

③ Durch „aktives Zuhören" erfährt der Kunde, daß seine Zweifel erkannt werden und daß diese ihm zunächst einmal widerspruchslos zugestanden werden. Auf der Gefühlsebene findet nicht nur Verstehen, sondern auch Verständnis statt.

④ Wieder wird durch „aktives Zuhören" Einfühlung gezeigt, zugleich ordnet und klärt diese Beraterreaktion die Kundenäußerung, ohne daß diese bereits kommentiert wird.

⑤ In dieser Äußerung arbeitet die Beraterin mit einer suggestiven Unterstellung, deren Berechtigung aus den vorangegangenen Kundenäußerungen genommen werden kann. Die Formulierung *„Wahrscheinlich wird Ihnen das unnütz erscheinen"* führt einerseits zu einer Bestätigung und lenkt andererseits dennoch die Aufmerksamkeit in eine ganz bestimmte Richtung, in diesem Fall auf die Pro-Argumente.

⑥ Die Beraterin hat genau zugehört und fragt zum besseren Verständnis nach.

⑦ Hier wird mit den Kundenäußerungen eine Argumentationsstrategie begonnen, die darauf hinausläuft, den Kunden in dem, was er sagt, zu bestätigen, ihm jedoch gleichzeitig die übergeordneten Konsequenzen vor Augen zu führen, um ihn dann selbst entscheiden zu lassen, ob er bei seiner bisherigen Überzeugung bleiben will oder nicht.

⑧ Hier geht die Beraterin auf die Kundenfrage informierend ein, sie jongliert jedoch mit Zahlen, die für den Normal-Verbraucher nicht so einfach im Kopf nachvollziehbar sind. Uns fällt auf, daß die Informationen so dargelegt werden, daß der Kunde sich selbst überlegen kann, welche Bedeutung diese für ihn haben.

⑨ Hier ergänzt die Beraterin den Kunden. Wobei sie dies durch Fortführen der Kundenäußerung tut und nicht durch Korrigieren.

⑩ Erneut geht die Beraterin auf die Gefühlslage ihres Gesprächspartners ein. Sie hat wahrgenommen, daß dieser im Gespräch körpersprachlich reagiert hat (wir vermuten, daß seine Augenbrauen nach oben gegangen sind, waagerechte Falten auf der Stirn, leichtes Kopfheben, geweitete Augen und ähnliches) und nimmt darauf direkt Bezug.

⑪ Hier kommt wieder Zahlenhexerei, jedoch abgemildert durch die Formulierung: *„Ich weiß nicht, ob man das darf ..."* Und durch die offene Äußerung, die dem Kunden keine bestimmte Reaktion nahelegt.

⑫ Umschreibendes Zuhören ohne weiteren Kommentar.

Insgesamt ein Gespräch, bei dem die Beraterin den Umgang mit Einwänden sicher beherrscht hat. Ihre offene Bereitschaft, dem Kunden zuzuhören, diesen ernst zu nehmen in seinen Zweifeln und Vorbehalten, führte zu einer vertrauensvollen Gesprächsatmosphäre, die es letztlich dem Kunden erleichtert hat, seine Einwände zurückzustellen und sich konstruktiv beraten zu lassen.

WENN SIE DIESES BUCH AUS DER HAND LEGEN

Wenn Sie das Buch aus Ihrer Hand legen, haben Sie hoffentlich nicht nur ein wenig darin geblättert, sondern Ihre eigene Sicht der Dinge mit unserer verglichen. Selbstverständlich nehmen wir es Ihnen nicht übel, wenn Sie nicht in allen Punkten mit uns übereinstimmen. Vor allen Dingen würden wir uns freuen, wenn Sie die vorgeschlagenen Übungen genutzt hätten, um die einzelnen Elemente

auszuprobieren. In der Beratung reicht es eben nicht aus, von der „Sache" oder von der Beratung allgemein etwas zu verstehen (zu wissen). Entscheidend ist die Fähigkeit, das, was Sie wissen, in den Gesprächen tatsächlich anzuwenden. Schon deshalb kann ein Buch – auch ein solches Übungsbuch – systematische Aus- und Fortbildung in beratungsmethodischen Fragen nicht ersetzen. Denn dort haben Sie viel besser Gelegenheit, verschiedene Gesprächstechniken auszuprobieren und zu „trainieren". Möglicherweise ist für Sie aber auch schon mit dem Lesen dieses Buches ein Anstoß verbunden, auf ein oder zwei Punkte in den nächsten Tagen etwas genauer zu achten. Sie haben richtig gelesen! Versuchen Sie bitte nicht, nun „alles ganz anders" zu machen. Erstens ist das wahrscheinlich gar nicht nötig und zweitens sind solche grundlegenden Vorsätze häufig zum Scheitern verurteilt. Beharren Sie durchaus auch auf Ihrem ganz persönlichen Stil, denn unser Ziel ist es auf keinen Fall, individuelle Besonderheiten im Beraterverhalten „glatt zu bügeln".

Wenn Sie dieses Buch aus der Hand legen, steht Ihnen womöglich auch klarer vor Augen, was wir unter einer „zeitgemäßen Beratung" verstehen. Informationen zu suchen, zu finden, zusammenzustellen und für die Entscheidungsfindung aufzubereiten, ist eines der wichtigsten Merkmale der modernen Zeit. Informationstechnologien,

Computer und Bildschirmtext symbolisieren den Glauben an Problemlösungen durch immer schnellere, umfassendere und fehlerlose Informationsverarbeitung. Neben unbestreitbaren Vorteilen dieses Informationszeitalters bemerken wir jedoch mehr und mehr auch seine Nachteile. Statt individueller Problemlösung werden wir auf Standardprogramme verwiesen. An die Stelle des persönlichen Gesprächs rückt das Hasten durch Suchbäume und Fallgruppen. Wo die zwischenmenschliche Begegnung Unternehmen und Institution noch erfahrbar machte, finden wir Computerausdrucke in den Briefkästen und Bilanzen im Wirtschaftsteil der Zeitungen. Und an die Stelle einer umfassenden Bedürfnisorientierung rückt die Abfrage unseres Bedarfs, den wir eben mal durch Ankreuzen eines Eingangsmenus (so werden die Übersichten am Beginn großer Dateien wirklich genannt) bekunden.

Einige Zeit schien es so, als wollte die „Beratung" den Wettlauf mit diesen modernen Systemen der Informationsverarbeitung ernstlich aufnehmen, den sie freilich nur verlieren könnte. Solche dann ebenfalls „moderne Beratung" würde schließlich so lange effektiviert und rationalisiert werden, bis sie selbst nur noch als reine Informationsverarbeitung – jedoch immer noch langsamer, teurer und fehlerhafter als „Maschinen" – funktioniert. Beratung als zeitgemäße Dienstleistung ist insofern „modern", als auch sie um die Aktualität und Richtigkeit ihrer Sachaussagen bemüht ist. In einigen Fällen wird sich die Beratung auch der neuen Informationstechnologien bedienen, um an bestimmten Stellen eines Gesprächs auf umfassende Wissensbestände zurückzugreifen.

Wenn der Weg zeitgemäßer Beratung also nicht in die „vormoderne" Zeit zurückführt, in der die „persönliche Begegnung" schon als Wert für sich gesehen wurde, so wird sie andererseits nicht bei einem reinem Informationsmanagement stehen bleiben. Ihr **Selbstverständnis ist „postmodern"** und spiegelt gesellschaftliche und kulturelle Entwicklungen im Bereich der personenbezogenen Dienstleistungen wider. Der Wunsch nach Lebendigkeit, die hohe Bewertung der „persönlichen Erfahrbarkeit", das Bedürfnis nach Individualität, die Langeweile am Fehlerlosen und die Ablehnung von „Schema F" sind nicht nur tagesaktuelle Zeitströmungen, sondern werden gerade in Reaktion auf moderne Entwicklungen eher noch an Bedeutung gewinnen. Beratung ist für uns zeitgemäß, wenn sie diesen Bedürfnissen Rechnung trägt und als wirkliche Dienstleistung verstanden wird. In ihrem Mittelpunkt steht nicht die „Sache" (das „Thema" der Beratung), sondern der Mensch, dessen Bedürfnisse umfassender sind, als der aktuell artikulierte marktbezogene Bedarf. Zeitgemäße Beratung wird an diese Bedürfnisse anknüpfen. Ihr liegt eine ganzheitliche Betrachtung der Probleme ihrer Kunden zugrunde, für die auch die möglichen Problemlösungen nur unter Beachtung ihres konkreten sozialen und individualpsychologischen Hintergrundes entwickelt werden. Unsere Vorschläge zur kundenorientierten Gesprächsführung sind für eine sich so verstehende Beratung gedacht.

Wenn Sie dieses Buch nun aus der Hand legen und dennoch gerne zu den angeschnittenen Fragen weiterlesen wollen, empfehlen wir Ihnen, noch einen Blick in das abschließende Kapitel „Wenn Sie mehr lesen wollen" zu werfen.

WENN SIE MEHR LESEN WOLLEN

Wenn Sie mehr zur Beratung und Gesprächsführung lesen wollen, können Sie einige Anregungen aus der nachfolgend aufgelisteten und kurz von uns kommentierten Literatur erhalten. Auch wenn in einzelnen der vorgestellten Bücher nicht exakt Ihr Beratungsgegenstand mit zum Thema wird, also auch andere Beratungsfelder angesprochen werden, können diese dennoch für Sie interessant sein.

Bachmair, S. u. a.: Beraten will gelernt sein. Ein Übungsbuch für Anfänger und Fortgeschrittene. Beltz Verlag. Weinheim, Basel 1982.
Das Buch vermittelt Grundlagenwissen für die Beratertätigkeit und enthält zugleich eine Sammlung erprobter und praxisnaher Übungen, die den Leser zu größerer Sicherheit im Umgang mit Ratsuchenden führen sollen.

Harris, T.A.: Ich bin o. k. Du bist o. k.. Rowohlt Verlag. Reinbek 1975.
Eine praktische, leichtverständliche Einleitung in die Transaktionsanalyse. Die Lektüre dieses Buches kann dazu verhelfen, uns selbst besser zu verstehen; eine notwendige Voraussetzung, um unsere Einstellung zu anderen ändern zu können. Harris erklärt an anschaulichen, alltäglichen Beispielen, wie unser Verhalten durch bestimmte Grundeinstellungen beeinflußt wird.

Harsch, H.: Theorie und Praxis des beratenden Gesprächs. Chr. Kaiser-Verlag. München 1973.
Bei diesem klar aufgebauten und übersichtlich gestalteten Buch handelt es sich um den Ausbildungskurs der evangelischen Telefonseelsorge München. Wer im Beratungsbereich zu tun hat, wird hier eine Fundgrube der verschiedensten Lebensprobleme

vorfinden, die so besprochen sind, daß sich dem Leser neue Handlungsmöglichkeiten eröffnen. Durch eine Vielzahl von wörtlichen Protokollen und Rollenspielen ist dieses Buch als Trainingsmaterial ausgesprochen empfehlenswert.

Kelber, M.: Fibel der Gesprächsführung. Opladen 1968.
Die Autorin legt in diesem kleinen Bändchen eine Reihe von in der Praxis bewährten Gesprächsregeln und Arbeitsformen dar, die einer intensiven Gesprächsschulung förderlich sind. Oberstes Ziel ist dabei das genaue Zuhören und Beobachten.

Lübke, V.; Schoenheit I. (Hg): Die Qualität von Beratungen für Verbraucher. Campus-Verlag. Frankfurt, New York 1985.
Von verschiedenen Autoren (und damit Positionen) wird diskutiert, was unter der Qualität von Beratung zu verstehen ist, ob und ggf. wie man sie messen und natürlich verbessern kann. Das Buch dürfte vor allem für Personen von Interesse sein, die über die Fortentwicklung von Beratungsdienstleistungen nachdenken.

Rogers, C.R.: die Nicht-Direktive Beratung. Kindler-Verlag. München 1972.

Rogers, C.R.: Die klientenzentrierte Gesprächstheorie. Kindler-Verlag. München 1972.

Rogers, C.R.: Therapeut und Klient. Kindler-Verlag. München 1977.
In diesen drei Bänden schildert Rogers die von ihm begründete Gesprächstherapie. Alle drei Bücher richten sich mehr an den in diesem Fachgebiet Tätigen, als an den interessierten Leser, der nur einmal einen Einblick haben möchte, da Stil und Aufmachung stellenweise den geschulten „Fachmann" voraussetzen.

Rogers, C.R.: Encounter-Gruppen. Das Erlebnis der menschlichen Begegnung. Kindler-Verlag. München 1974.
An Hand einer großen Zahl von Beispielen schildert Rogers die Möglichkeiten von Begegnungs-Gruppen: Erweiterung und Vertiefung zwischenmenschlicher Beziehungen, Selbstverwirklichung und Selbstbefreiung, Kreativität und Spontanität.

Durch die vielen Beispiele (die ab und zu sehr amerikanisch wirken) liest sich dieses Buch spannend und kann beim Lesen einige Betroffenheit auslösen.

Watzlawick, P.; Beavin J.H.; Jackson, D.D.: Menschliche Kommunikation. Formen, Störungen, Paradoxien. Verlag Hans Huber. Bern 1969.
Ein in der ersten Hälfte sehr anspruchsvoll geschriebenes Buch, das von den verhaltensmäßigen Wirkungen der menschlichen Kommunikation handelt. Das Augenmerk der drei Verfasser liegt allerdings bei den Verhaltensstörungen; eine der wichtigsten Fragen, die hierbei auftauchen, lautet: Wieweit führt eine verzerrte Kommunikation zu Verhaltensstörungen. In Kapitel 5 untersuchen die Autoren das Theaterstück: „Wer hat Angst vor Virginia Woolf?" von Edvard Albee, unterhaltsam und spannend zu lesen.

Watzlawick, P.; Weakland, J.H.; Fisch, R.: Lösungen. Zur Theorie und Praxis menschlichen Wandels. Verlag Hans Huber. Bern 1974.
Ein Buch über Problementstehungen und Problemlösungen. In fesselnder Weise verdeutlichen die Autoren, wie sehr wir durch die Art und Weise, wie wir unsere Sprache benutzen, die Aufrechterhaltung mancher Probleme selbst zu verantworten haben. „Die sanfte Kunst des Umdeutens" befaßt sich mit Ursache-Wirkungs-Zusammenhängen und den Möglichkeiten, Umkehrungen dieses Zusammenhangs vorzunehmen.

Weber, W.: Wege zum helfenden Gespräch. Gesprächspsychotherapie in der Praxis. Ernst Reinhard Verlag. München 1974.
Das Buch stellt ein klar gegliedertes Lernprogramm dar, das neben Impulsen zum Nachdenken und Lernen eine Reihe von praktischen Hinweisen und Ratschlägen enthält. Eine Vielzahl von Übungen rundet jedes Kapitel ab. Weniger zur Einzellektüre denn als Trainingsprogramm für Gruppen gedacht.

Weisbach, C.-R.; Eber-Goetz, M.; Ehresmann, S.: Zuhören und Verstehen, eine praktische Anleitung. Rowohlt Verlag. Reinbek 1979 (5.Aufl. 1986).
In 13 Kapiteln durchwandern zwei Zeichentrickfiguren namens „Murks" und „Schnipsel" die Höhen und Tiefen der Ge-

sprächsführung. Ob Umgang mit Pausen,ob Gesprächsstörer oder -förderer, ob Konflikte in Gruppen oder einfach der Umgang mit Gefühlen angesprochen wird, stets ist der Ausgangspunkt das Allgemeingespräch, wie es jeder Leser kennt.

Weisbach, C.-R.; Ehresmann, S.: Reden und Verstandenwerden. Ein Lese- und Übungsbuch. Fischer Verlag. Frankfurt am Main 1985.
Wieder durchstreifen die Zeichentrickfiguren „Murks" und „Schnipsel" ein Buch voller Hürden. Es geht hier um die verfeinerten Möglichkeiten, im Gespräch noch mehr zu tun, um selbst verstanden zu werden bzw. umgekehrt, um andere, die sich unklar ausdrücken, besser zu verstehen.

Weisbach, C.-R.: Das Beratungsgespräch. Trainingshandbuch und Evaluation. Lexika Verlag. Weil der Stadt 1982.
In diesem Buch wird ein Verfahren dargestellt, das geeignet ist, Beratungsgespräche minutiös zu analysieren. Das Buch enthält ein Programm, um Beobachter zu schulen, im 3-Sekunden-Rhythmus Video- oder Tonbandaufnahmen von Beratungsgesprächen zu zergliedern.

Weisbach, C.-R.: Training des Beraterverhaltens. Klinkhardt Verlag. Bad Heilbrunn 1988.
Dieses Buch schildert die Möglichkeiten, angehende Berater in die Ausbildung neuer Berater zu integrieren. In insgesamt acht Kapiteln wird ein Ausbildungskonzept mitsamt seinem theoretischen Hintergrund umfassend dargestellt.

Vogel, K.W.; Kirsten, R.E.: Kommunikation und Kooperation. Ein gruppendynamisches Trainingsprogramm. Pfeiffer Verlag. München 1974.
Ein „klassisches Übungsbuch", das allgemeine Phänomene zwischenmenschlicher Kommunikation verdeutlicht. Obwohl es nicht unmittelbar auf Beratungssituationen abzielt, bietet es auch für Berater(innen) nützliche Anregungen.

Zu den Autoren

Ingo Schoenheit
arbeitet bei der Stiftung Verbraucherinstitut (Reichpietschufer 74-76, 1000 Berlin 30) und leitet dort die Abteilung „Verbraucherinformation". Er ist Lehrbeauftragter an der Universität Hannover (Abteilung Markt und Konsum). Diverse Veröffentlichungen im Themenbereich „Dialog zwischen Marketing und Verbraucherarbeit" und zur „Beratung".

Christian-Rainer Weisbach
arbeitet als freier Trainer in der betrieblichen Fort- und Weiterbildung und lehrt als Privatdozent an der Universität Tübingen am Zentrum für Neue Lernverfahren (Münzgasse 11, 7400 Tübingen). Diverse Veröffentlichungen zur „Alltagskommunikation" und zum „Training des Beraterverhaltens".